MONUMENS
FUNÉRAIRES

CHOISIS

DANS LES CIMETIÈRES DE PARIS

ET

DES PRINCIPALES VILLES DE FRANCE,

DESSINÉS, GRAVÉS ET PUBLIÉS

PAR NORMAND FILS,

GRAVEUR ET ÉDITEUR DE L'ARC DE TRIOMPHE DES TUILERIES, ÉRIGÉ EN 1806, SUR LES DESSINS DE MM. PERCIER ET FONTAINE.

Volume in-folio maximo, contenant 27 planches, et leur description par M. Baltard.

PREMIÈRE PARTIE.

TOMBEAU DE DAUBENTON
AU JARDIN DES PLANTES

PARIS,

Chez NORMAND FILS, rue des Noyers, n° 36.
BANCE AINÉ, marchand d'Estampes, rue Saint-Denis, n° 214.
CARILIAN-GOEURY, quai des Augustins, n° 41.
E. LECOINTE, rue Sainte-Anne, n° 31.
PILLET AINÉ, Imprimeur-Libraire, rue des Grands-Augustins, n° 7.

—

1832.

INTRODUCTION.

Ce néant, cette nuit éternelle qui suit l'homme après sa mort ; l'idée affligeante que son nom, ses vertus, les services qu'il a rendus à sa patrie, à la société tout entière, peuvent rester ignorés des générations futures et ne point être pour elles un sujet d'émulation, firent naître chez les nations le besoin de couvrir les restes mortels d'un chef de peuplade, d'un guerrier, d'un législateur, d'un sage, de monumens durables qui pussent perpétuer leur souvenir et rappeler leurs titres à l'admiration comme à la reconnaissance publiques. Selon les siècles, les nations, le degré de civilisation des peuples, ces monumens eurent des physionomies différentes. Nous nous occuperons seulement ici de ceux que la France a vu s'élever sur son sol.

Dans les premiers âges, ces monumens furent simples comme les peuples qui les créèrent. *Un ménir*, ou pilier brut, autrement dit *une pierre levée*, tantôt posée sur sa base naturelle, tantôt fichée sur sa pointe ; ensuite un *lécamène*, formé de deux piliers semblables, peu distans l'un de l'autre, laissés isolés ou plus souvent réunis par une pierre formant une espèce d'achitrave ; puis un *dolmine*, composé de deux ou plusieurs grandes pierres plates, posées de champ, parallèlement, et sur lesquelles repose une autre pierre plate formant table, ou servant de couverture à une espèce de chambre ou de caveau, selon le nombre des murailles ; enfin des *colonnades* formées de *lécamènes* alignés, traçant un cercle ou un ovale, quelquefois un carré, sont les premiers signes ostensibles qui distinguent les sépultures des nations qui habitèrent la Gaule.

A ces décorations lapidaires, dépourvues de toute inscription, de tout ornement, succédèrent d'immenses cônes en terres rapportées, recouverts de gazons qui, plus tard, rassemblés dans des espèces de lieux consacrés, donnèrent naissance aux *collines*, espèces de champs de repos où des milliers de tertres semblables couvrent les restes d'antiques populations.

Avec la civilisation et les arts qui viennent à sa suite, ces signes extérieurs de la religion des tombeaux se modifièrent et prirent des formes plus régulières, plus élégantes, surtout après que les Romains eurent rendu témoins de leur faste monumental les peuples qu'ils subjuguèrent. Alors la simple *pierre levée* s'équarrit, s'aplatit, devint circulaire vers le haut, reçut une inscription, et offrit alors un véritable souvenir du personnage dont elle était appelée à perpétuer la mémoire. Le *ménir*, reposant sur sa pointe, se transforma en hermès, en cippe, en colonne, qu'on surmonta d'une urne ou d'un buste ; retourné, taillé, ce ménir fut un obélisque. Le *lécamène* prit la forme d'un riche portique orné de membres d'architecture. Le *caveau*, construit de cinq pierres gigantesques, en acquérant de la régularité, du développement dans son plan, dans son élévation, fut alors une véritable chambre sépulcrale dont l'entrée cessa d'être interdite à jamais. Les *dolmines continus* se retrouvèrent dans ces arcades symétriques et non interrompues qui, pendant plusieurs siècles, bordèrent nos cimetières, et sous lesquelles étaient rangés les monumens funéraires des familles distinguées et opulentes de nos cités ; enfin le *cône de terre* devint une pyramide en pierre, qui témoigna par sa dimension du mérite ou de l'importance du personnage dont elle couvrait les restes, ainsi que l'avaient fait les autres monumens que nous avons cités. Mais, il faut le dire, ces monumens des premiers âges, qui nous étonnent par la hardiesse sauvage de leur masse, perdirent, en se modifiant après la conquête des Gaules, de leur caractère imposant et merveilleux ; ils cessèrent d'être en état de pouvoir braver la succession des siècles et les outrages des hommes, et, à mesure que le luxe et l'ostentation les multiplièrent, ils devinrent de plus en plus chétifs et destructibles.

Lorsque Clovis eut embrassé le christianisme, les signes extérieurs disparurent presque partout de dessus les tombeaux. Enterrés dans des lieux retirés, soit dans le sein de carrières exploitées, impénétrables à la lumière, soit dans des champs fermés situés près des églises, les fidèles n'eurent d'abord aucun autre signe sur leur tombe que leur nom, la date de leur naissance et celle de leur mort, et c'était là le seul registre qui constatât leur passage sur cette terre. On y ajoutait, pour quelques-uns, une croix, ou le monograme du Christ tracé sur une pierre lisse. Mais quand l'église eut affermi sa puissance, ce primitif mépris des vanités de ce monde s'affaiblit peu à peu, la vénération pour des reliques saintes, la reconnaissance due à des princes protecteurs de la religion, fournirent l'occasion d'élever quelques monumens. Ces monumens furent, le plus souvent, des chapelles bâties pour recevoir les restes de quelque martyr de la foi, dont elles prenaient le nom, et pour servir aussi de sépulture à leur fondateur. Par suite, tous les bienfaiteurs des églises, les princes, les prélats, les grands dignitaires, obtinrent pour eux d'abord, puis pour les leurs, une place auprès des reliques saintes ; enfin la flatterie, l'orgueil, la richesse, parvinrent à s'approprier un privilége qui aurait dû être celui de la seule vertu. Par suite de cet abus, nous avons vu, dans le dernier siècle, tous les caveaux, les chapelles hautes et basses, les piliers de nos églises, encombrés d'une foule de monumens funéraires, et le sol même des temples transformé en véritable cimetière.

Parmi cette quantité innombrable de sépultures privilégiées, les monumens somptueux furent rares. Nous allons passer en revue ceux qui, dans chaque siècle, eurent de la célébrité, et indiquer les changemens successifs qui s'introduisirent dans leur forme comme dans leur décoration.

L'usage des chrétiens d'enterrer leurs morts sans placer de signes extérieurs sur leur tombe s'étant prolongé fort long-tems, et le peu de monumens qui furent élevés alors ayant presque tous été pillés et détruits par les barbares qui dévastèrent la France à plusieurs reprises, nous n'en aurons que peu à citer pour les premiers siècles qui suivirent le règne de Clovis. Les plus célèbres sont : au VIIe siècle, la tombe de Dagobert, qu'on voyait à Saint-Denis, sur laquelle était placé un buste en argent doré ; au IXe siècle, dans l'église de l'abbaye de Saint-Faron, le tombeau du duc d'Otger, qui était orné de sept statues en ronde-bosse et de neuf figures en bas-relief ; au XIe siècle, qui forme une des principales époques de l'histoire de l'art moderne, ceux de Honfroy de Vétulis et de sa famille, au monastère de Preaux, sur chacun desquels était couchée aussi en ronde-bosse la statue du défunt ; au XIIe siècle, dans le chœur de l'église Notre-Dame de Paris, celui de Philippe de France, fils de Louis-le-Gros, dont le sarcophage était en marbre noir, et la statue du prince en marbre blanc ; enfin celui d'Étienne Obazine, érigé dans l'église du monastère de ce nom, près de Cahors, au pourtour duquel étaient sculptées de petites figures représentant des religieux de l'ordre de Cîteaux.

Dans les siècles précédens, et dès la plus haute antiquité, les richesses du défunt s'enterraient avec lui ; c'est un fait constaté par la fouille de tombes gauloises, et l'exhumation, en 1793, des sépultures de nos églises et de nos abbayes. Au XIIIe siècle, cet usage bizarre, mais noble dans son principe, puisqu'il était un témoignage de mépris pour les superfluités de ce monde, dégénéra en une orgueilleuse démonstration de richesse. Dès ce moment les tombes, jusque-là en pierre, furent faites en métaux précieux, et les sculptures, les ciselures, les filigranes, les mosaïques, les émaux, ornèrent de figures, d'emblêmes, d'enroulement variés, le cuivre, le bronze, l'argent, le vermeil. Les tombes de Louis VIII et de saint Louis, qui étaient en vermeil orné de figures ciselées ; celle en cuivre doré, enrichie d'émaux, d'Alphonse de Brienne, comte d'Eu, sont des exemples célèbres auxquels il faut ajouter, comme dernier terme de magnificence et de luxe, le tombeau en argent et en bronze doré élevé, en 1180, à Henri Ier, comte de Champagne, dans le chœur de l'église Saint-Étienne de Troyes. On rapporte que la tombe de ce monument, haute d'environ trois pieds, était entourée de quarante-quatre colonnes en bronze doré. Au dessus était une table d'argent sur laquelle se trouvaient couchées la statue du prince, et celle d'un de ses fils, grande comme nature, également en bronze doré. Entre les arcades que soutenaient les colonnes, étaient des bas-reliefs aussi en argent et en bronze doré, représentant Jésus-Christ, des anges, des prophètes, des saints, etc., etc. Cette mode d'offrir de telles richesses aux regards du public ne dura pas, sans doute par la difficulté de soustraire à la cupidité des monumens d'une si grande valeur. A la fin du XIIIe siècle on n'en éleva plus ; la pierre reprit faveur ; on n'employa même le marbre que très-rarement. Quant aux figures en ronde bosse que l'on plaçait dessus les tombeaux depuis nombre de siècles, elles paraissaient toutes avoir été faites d'après un modèle consacré ; c'était toujours une statue couchée sur le dos, les pieds collés, les mains jointes sur la poitrine, la tête placée sur un coussin. Elles ne différaient entre elles que par le costume, qui fut presque toujours celui propre à la condition du défunt. Ce costume lui-même ayant peu varié, on comprend combien dut être grande la monotonie de ces monumens, où l'art avait si peu de moyens de se distinguer.

Au XIVe siècle, lorsque la mode des mausolées à figures accessoires fut devenue plus générale, quand, à l'exemple des rois et des princes, les nobles, les abbés voulurent avoir leur monument funéraire, les artistes commencèrent à sortir de la route où ils s'étaient tenus jusqu'alors, et le mausolée élevé, au XIIe siècle, à Henri Ier, comte de Champagne, cessa d'être un exemple unique de tombeau à colonnes et à bas-reliefs. Ceux de Philippe-le-Hardi et de Jean-sans-Peur, à Dijon, où l'effigie des princes était en albâtre, couchée sur une table de marbre noir de Dinan, de huit pieds sur douze, soutenue par une multitude de colonnes entre lesquelles étaient des statues de ronde bosse d'un travail admirable, exécutées par Claus-Sluter, Jean de la Versa, Jacques de la Barce et Antoine le Mouturier ; celui de Philippe de Marle, conservé à Lille, autour duquel sont sculptés les princes et princesses de la seconde maison de Bourgogne, sont de magnifiques exemples, qui témoignent du progrès des arts en France, et de la tendance des artistes à s'affranchir des entraves qui avaient jusqu'alors paralysé leur génie.

Une innovation remarquable de l'époque est cette espèce de décoration architecturale, à jour, assez semblable à un dais, que les sculpteurs ajoutèrent au dessus de la tête de l'effigie du défunt ; et ces anges qui, les ailes éployées, enlevaient sur un voile étendu une petite figurine nue qui simulait son ame. Quelquefois, à ces anges, on a mis en main le casque, l'écusson du mort ; d'autres fois on les a représentés dans l'action de l'encenser, on a même poussé l'inconvenance jusqu'à leur faire porter la queue de son manteau.

Au XVe siècle, le luxe toujours croissant, le besoin de la nouveauté, substituèrent l'albâtre au marbre pour les statues ; les figures des tombeaux de Charles VII et de sa femme sont de cette matière. A cette époque on vit aussi pour la première fois des statues dont les mains et le masque étaient en albâtre, lorsque le reste était en marbre ou seulement en pierre. Il est à remarquer toutefois, que ces changemens, ces progrès, si l'on veut, dans la disposition successive de nos monumens funéraires, n'altérèrent en rien le type des figures principales. On les vit toujours couchées sur des espèces de lits, et vêtus du costume de leur rang ou de leur profession. Ce n'est que sur les vitraux des chapelles sépulcrales qu'on se permit de représenter les morts en état de vie, à genoux, les mains jointes, et dans la posture de quelqu'un qui prie. Si l'on peut citer dans cette attitude les statues de J. Juvénal des Ursins et de sa femme, et celle de Charles VIII, morts au XVe siècle, ce sont des exceptions presque uniques ; les monumens de cette espèce appartiennent au siècle suivant, à ce siècle appelé de la *renaissance des arts*.

Le but que nous nous sommes proposé n'étant pas une histoire de l'art, nous ne nous arrêterons pas à faire ressortir le mérite particulier des productions du XVIe siècle, nous dirons seulement que, sous François Ier et ses successeurs immédiats, les monumens funéraires, jusqu'alors improprement décorés du titre pompeux de mausolées, acquirent enfin le degré d'importance et de richesse qui pouvait légitimer une si fastueuse dénomination. Les tombeaux de Louis XII, de François Ier, de Henri II, d'Anne de Montmorency, sont de véritables mausolées qui, bien différens par leur caractère et leur mérite de tous ceux qui les avaient précédés en France, ouvrirent à l'art une carrière toute nouvelle.

Dans les siècles précédens, la sculpture avait seule ordonné la disposition des monumens funéraires. Jean Juste, dans le tombeau de Louis XII, changea cet ordre de chose en donnant la prééminence à l'architecture, et ce précédent eut d'heureux imitateurs dans les auteurs des trois autres tombeaux que nous venons de citer. Comme lui, ils firent de leurs mausolées des espèces de chambres sépulcrales, à jour sur tous les côtés, ornées de pilastres, de colonnes, couvertes d'un demi-cintre; comme lui, ils y représentèrent deux fois les mêmes personnages, une fois en état de mort, couchés et nus, une fois en état de vie, à genoux, en habits de cérémonie, et priant; mais ils eurent le bon esprit de ne pas donner à leurs figures couchées, comme J. Juste l'avait fait, l'aspect effrayant de la mort. L'auteur de la statue couchée d'Anne de Montmorency, en la vêtissant, contribua puissamment à ramener l'ancien usage, qui s'est toujours maintenu depuis. Comme la plupart de monumens importans de l'époque, ceux-ci sont polychrômes. Les mausolées de Henri II et d'Anne de Montmorency ont cela de particulier, qu'ils sont du très-petit nombre de ceux où le bronze est allié au marbre.

Comme on l'a vu, la première tentative des artistes pour donner à la figure de leurs mausolées une attitude autre que celle d'un mort, eut pour résultat ces figures à genoux devant un prie-dieu, dont la mode s'est perpétuée sans interruption jusqu'à nos jours. Ce premier pas fait, on chercha de nouvelles situations qui, sans exclure l'idée de la mort, pussent rappeler celle de la vie. La statue du mausolée d'Albert Pio de Savoie, par P. Ponce, qui représentait le prince assis, entouré de livres et occupé à lire; celle de Maigné, capitaine des gardes de la porte de Henri II, figuré en habit de guerre, assis sur un piédestal armorié, le coude sur un coussin, la tête penchée et appuyée sur la main comme un homme qui vient de s'endormir, sont des innovations heureuses qui portèrent leur fruit. De ce moment l'artiste suivit franchement l'impulsion de son génie, et ne connut d'autres entraves que celles qui naquirent du lieu où ses productions devaient être placées. Ce lieu étant presque exclusivement les églises, force fut de leur conserver, avant tout, un caractère et une proportion convenables à une telle destination. A l'appui de ce fait, nous citerons le groupe célèbre des trois Grâces, que G. Pilon exécuta pour l'église des Célestins de Paris, pour supporter l'urne dans laquelle était renfermé le cœur de Henri II. En Italie, à pareille époque, ces figures eussent été représentées entièrement nues; en France, elles durent être vêtues.

Après les immenses progrès que le XVIe siècle a fait faire aux arts, et la variété, la richesse qu'il introduisit dans la composition des monumens funéraires, on peut croire que le XVIIe siècle, continuant à suivre la route tracée, est arrivé à la perfection. Il n'en est rien. Le beau siècle de Louis XIV fut stationnaire, quant à la sculpture. Ses mausolées n'ont pas le grandiose de ceux élevés sous François Ier. L'architecture y cède le pas à la sculpture; elle n'est plus, à bien dire, qu'une espèce de placage assez semblable aux décorations dont nous surmontons nos autels; le plus souvent elle est totalement bannie de leur composition. Quoi qu'il en soit, les mausolées de ce siècle ont une physionomie à eux. Ils se distinguent par une fécondité de composition, une dignité de style, une chaleur d'expression, qui leur donnent un mérite bien précieux, celui d'élever l'esprit et de toucher le cœur; mais, comme dans le siècle précédent, les figures agenouillées devant un prie-dieu, et celles couchées sur un sarcophage, furent très-nombreuses. Parmi les premières, celles qui eurent une célébrité méritée sont celles de Thou, de Mazarin, de Bérulle, de Colbert, de Villeroy; parmi les secondes, celles de Michel Letellier, de J. Souvré Courtenvaux, de Richelieu, etc., etc. Le mausolée de ce dernier est peut-être celui qui caractérise le mieux ceux de l'époque. On y voit, à demi-couché, le cardinal près d'expirer entre les bras de la Religion, qui le soutient et le console, tandis que la Science, assise à ses pieds, est dans le plus profond abattement. Le monument que le peintre Le Brun fit élever à sa mère par Tuby et Collignon, n'est pas moins caractéristique que le précédent; cette femme qui sort de sa tombe au son de la trompette embouchée par l'ange de la résurrection, est d'une expression si sublime, qu'elle transporte en idée le spectateur au séjour des bienheureux où il la croit appelée.

La variété qui s'introduisit dans la composition des monumens du siècle ne reposa pas seulement sur le nombre et la disposition des figures accessoires, dans l'action donnée à la figure principale, elle s'étendit à la forme même du mausolée. Des colonnes en marbre précieux, de haute proportion, prises dans un seul bloc, des cippes, des hermès, des colonnes tronquées, des obélisques supportant des urnes, des bustes, et chargés d'inscriptions et de bas-reliefs, furent fréquemment employés, sans doute parce qu'ils demandaient peu de cette place, dont on était alors si avare. La pyramide Longueville, en marbre noir, enrichie d'emblèmes en marbre blanc incrusté; la colonne torse, en marbre campan isabelle, entourée de lierre et de palmes, sur laquelle était placé, renfermé dans une urne, le cœur de Henri III, sont des monumens magnifiques, où l'art joue un rôle bien important.

Quant au XVIIIe siècle, que le règne de Louis XV, si funeste aux arts, à la littérature et à la morale, remplit presque en entier, il n'offre aucun monument d'un caractère tranché. Ce sont toujours les mêmes formes, les mêmes idées, mais appauvries, mais rendues sans talent, où l'exactitude du costume n'est plus observée. Pour donner la mesure du mauvais goût qui régnait dans ce temps de décadence, nous citerons un seul mausolée, celui de Henri-Claude, comte d'Harcourt, parce qu'il fit fortune. On y voit un squelette en bronze ouvrir le tombeau du maréchal, et celui-ci sortir de cette tombe pour converser avec sa femme qui est à genoux, tout auprès, ayant derrière elle l'Hymen en pleurs éteignant son flambeau.

Mais sous Louis XVI l'art se releva de son état de dégénérescence. Le monument de Dubuisson, curé de Magny, exécuté par Dejoux, et surtout celui élevé à Drouais, par Michallon son ami, sont des exemples éclatans à l'appui de ce fait, que cent autres chefs-d'œuvre de genres différens confirment à tous les yeux.

Par tout ce qui précède, on a pu voir combien la France était pauvre en monumens funéraires, tant par le nombre que par l'importance. Quelle différence entre nos chétifs tombeaux et ces antiques sépultures de l'Inde, de la Perse, de l'Egypte, du Pérou, de la Chine, où des milliers de bras ont été occupés au même travail pendant des siècles entiers; et ces monumens funéraires de la Grèce et de l'Italie antique, si variés de formes et de formes si aimables; et ces tombeaux des papes de la Rome moderne, chefs-d'œuvre où l'art semble avoir épuisé ses ressources pour s'attirer l'admiration des générations présentes et futures! A la fin du dernier siècle, on avait bien raison de dire que tout était à créer chez nous en fait de monumens funéraires. Il était réservé au XIXe siècle de rendre la France rivale heureuse des autres nations, en établissant, au dehors de ses cités, ces vastes champs de repos où la piété des familles, et la gratitude des peuples, viennent élever sur les restes de ceux qui lui furent chers des monumens durables d'amour, de regrets, de reconnaissance et d'illustration. Depuis trente ans que ces cimetières sont ouverts, des milliers de mausolées, variés de forme, de dimension, de richesse et de goût, déposent déjà de ce sentiment religieux qui anime notre société moderne, et de la marche progressive des arts dans ce siècle de rénovation sociale.

Pour compléter l'engagement que nous avons pris de désigner le caractère propre des mausolées de chaque époque, nous dirons que le commencement du XIXe siècle eut celui de n'en point avoir. Sans précédens, sans exemples appliquables à nos nouveaux besoins, car des monumens élevés dans des lieux fermés ne pouvaient être pris pour type de monumens à élever en plein air, nos artistes ne firent d'abord que reproduire, à quelques modifications près, les tombeaux qui bordent les voies *Appia*, *Flaminia*, *Latina*, de l'ancienne Rome, qui ne sont eux-mêmes, comme on le sait, qu'un mélange d'idées empruntées aux Egyptiens, aux Grecs, aux Etrusques, etc. De 1800 à 1810, ils donnèrent la préférence à ceux dont la composition était la plus simple et la moins dispendieuse; de 1810 à 1820, ils adoptèrent des formes plus riches, des emblèmes plus variés, des ornemens plus riches; mais l'antique était toujours la source où ils allaient puiser leurs inspirations. Dans ces dernières années, quelques artistes de premier ordre ont enfin franchi la barrière, et nous ont offert des compositions originales, où l'architecture, la sculpture, les marbres, le bronze, le fer ouvragé, sont combinés avec des accidens de terrain, de riches végétations, pour produire des effets aussi neufs, aussi magnifiques que religieux et pittoresques.

Lorsque le luxe des tombeaux a gagné toutes les classes aisées de la société, et qu'en moins de dix ans plus de cent arpens ont été couverts de monumens mortuaires par les seuls habitans de Paris, on se demande combien de terrain aura été soustrait à la culture en France dans un seul siècle? quel nombre de monumens seront offerts à l'édification publique? quelle voie les artistes parcourront pour satisfaire à ce besoin de nouveauté qui travaille chaque nouvelle génération? quel sera enfin le résultat de leurs veilles et de leurs méditations pour créer des monumens dignes de faire l'admiration d'une postérité reculée? Ce n'est point à nous d'expliquer ce mystère; notre tâche est de faire connaître, au moment où nous sommes, ce que nos artistes ont produit de plus satisfaisant en fait de monumens funéraires, tant à Paris que sur les différens points de la France. En commençant par ceux de la capitale, nous suivons l'ordre naturel, puisque c'est elle qui a donné le salutaire exemple d'inhumer hors de l'enceinte des villes, et d'élever sur la tombe des morts des monumens de commémoration.

Aux termes de notre prospectus, nous nous sommes engagés à reproduire fidèlement, par la gravure, tous ceux de ces monumens qui offrent de l'intérêt par leur mérite, leur importance, leur originalité, les souvenirs historiques qu'ils rappellent. Pour remplir convenablement cette tâche, nous avons dû comparer entre eux les monumens dérivant d'un même type, nous assurer, pour chaque espèce, de celui qui remplissait le mieux les données de son programme, et jusqu'à quel point les modifications introduites dans sa forme ou sa décoration originelle étaient heureuses. Il nous a fallu aussi examiner avec attention les monumens neufs de motif, afin d'exclure ceux qui ne se distinguaient que par une originalité bizarre, et de ne consacrer notre burin qu'à ceux qui pouvaient être recommandés à l'étude des artistes. Si l'on nous reprochait d'avoir parfois manqué de sévérité dans notre choix, de n'avoir pas toujours donné la préférence au monument le plus parfait de l'espèce, nous dirions, pour notre justification, que chaque jour voit s'élever des mausolées sur des types déjà reproduits cent fois, et que si, dans ces derniers, on trouve des exemples préférables à ceux que nous avons publiés, notre tort est seulement d'avoir commencé trop tôt notre ouvrage. Mais comme, par sa nature, cet ouvrage est du nombre de ceux qui ne peuvent jamais être complets, nous aurons soin de comprendre dans le second volume que nous lui préparons, les modèles qui auront éclipsé par leur mérite ceux analogues contenus dans le premier. Dans cette seconde partie seront insérés les monumens du général Foy, non encore achevé, de Gouvion Saint-Cyr, de Benjamin Constant, des familles Chabrol, Collot, Fournier, et cent autres élevés sur le sol de la France, que nous comptons exploiter dans son ensemble, en donnant toutefois la préférence aux conceptions neuves et empreintes du cachet du génie, afin de ne pas trop multiplier les livraisons d'un recueil qui doit être accessible à toutes les fortunes.

TABLE EXPLICATIVE DES PLANCHES.

Planche première.

L'importance des tombeaux, sous le rapport de l'art, étant rarement en rapport avec la célébrité des personnages pour lesquels ils ont été élevés, beaucoup d'hommes d'un grand mérite n'auraient pas même leur nom dans notre recueil, si nous n'avions pas pris le parti de réunir et de présenter, dans plusieurs vues pittoresques, un certain nombre de monumens que le cadre de notre ouvrage ne nous permettait pas de publier dans une grande dimension. Les souvenirs que rappellent ces monumens, la variété de leur forme, parfois originale, donneront à ces planches particulières, nous l'espérons, un intérêt véritable.

La vue pittoresque offerte sur notre frontispice doit être considérée comme une imitation libre d'un des sites du Cimetière de l'Est. Sur le premier plan nous avons placé les monumens élevés à David, Girodet, Swebach, peintres; Raymond de Sèze, pair de France; Méhul, musicien; Thibault, architecte; Berwic, graveur; Lafitte, dessinateur; Bernardin de Saint-Pierre; Ney, prince de la Moskowa; sur le second plan, ceux de Picard et de sa famille, Talma, Vivant Denon, Hallé, médecin. A l'exception de la pierre horizontale que nous avons consacrée à la mémoire de Ney, car sa tombe n'est recouverte que d'un simple gazon entouré d'une grille, tous les monumens ici gravés sont copiés exactement; il n'en est pas de même de ceux de Valenciennes, paysagiste; Parny, Millevoye, poètes; Chalgrin, architecte; Ménageot, peintre; Dejoux, sculpteur; Prud'hon, Géricault, Prevost, peintres, et de celui de l'abbé Sicard, instituteur des sourds-muets, placé sur le dernier plan. Presque tous ces hommes, plus célèbres que fortunés, n'ayant sur leur tombe, dans le Cimetière de l'Est, qu'une simple pierre tumulaire, nous avons cru de notre devoir de rappeler leur nom au moyen de ces monumens de notre invention.

Planche 2.

Portes d'entrée des Cimetières de l'Est et du Sud.

La première de ces deux portes est inspirée de celle de l'ancien cimetière de Saint-Sulpice, construite en 1772, sur les dessins de Oudot de Maclaurin, architecte; l'autre est appuyée de deux pavillons servant de logement au concierge, dont nous n'avons pas rendu compte sur cette planche. Elles sont toutes deux de M. Godde, architecte de ces deux Cimetières.

Planche 3.

Ce monument, élevé au maréchal Suchet, duc d'Albuféra, dans le Cimetière de l'Est, est placé non loin de ceux des maréchaux Lefèvre et Masséna. Sa forme est quadrangulaire. Il a environ vingt-cinq pieds d'élévation sur huit de large. Son soubassement est en granit, le surplus est formé d'un seul bloc de marbre blanc. Sur la face principale, la Muse de l'histoire trace sur une pièce de canon le nom des lieux qui furent témoins de la gloire du héros dont le buste, sculpté au dessus, est entouré d'une guirlande de laurier fixée à deux flambeaux renversés. Dans le tympan du fronton qui surmonte le monument, est placée, au milieu d'une couronne, la décoration de la Légion-d'Honneur. Sur les autres faces, le même tympan offre la représentation des autres ordres dont le maréchal fut décoré.

Planche 4.

Nous avons réuni sur cette planche les détails les plus intéressans du monument élevé au maréchal Suchet, gravé sur la planche précédente. On voit ici le trophée d'armes qui occupe, à la partie postérieure, la place du bas-relief de la face principale. Sur les côtés latéraux, cette même place est ornée d'enseignes composées de couronnes murales et de couronnes de laurier, de chêne, d'olivier, au milieu desquelles sont tracés les noms des villes qui devront conserver le souvenir des hauts faits de Suchet. La couronne ducale et les insignes de maréchal sont placés au dessus.

L'architecte de ce monument est M. Visconti; l'auteur des sculptures est M. David; les ornemens sont de M. Plantar. M. Schwind, entrepreneur, en a achevé la construction vers la fin de l'année 1829.

Planche 5.

Des quatre tombeaux gravés sur cette planche, celui de Conté porte seul un nom dont la mémoire se perpétuera. Il est en pierre, et placé au Cimetière du Nord. L'élévation postérieure est ornée d'un sabre, surmonté d'une couronne de chêne et de deux flambeaux renversés. Sur les côtés latéraux sont des inscriptions. Sur l'une d'elles on lit : *Colonel d'infanterie, membre de la Légion-d'Honneur et de l'Institut d'Egypte, du Conservatoire des arts et métiers, du Bureau consultatif des arts et manufactures, des Sociétés d'encouragement pour l'industrie nationale, philomatique*, etc.

Le tombeau portant, dans une couronne d'immortelles, les lettres H. R., est celui de mademoiselle Roger, fille du célèbre graveur de ce nom; les deux autres sont de personnages inconnus.

Planche 6.

Les trois tombeaux de cette planche sont tirés du Cimetière de l'Est.

Celui de Vincent, peintre d'histoire, lui fut élevé par sa famille et ses élèves, ainsi que le constate l'inscription suivante, tracée sur la partie postérieure du monument : *A François André Vincent, ses élèves; autorisés par sa famille, et à jamais reconnaissans des utiles conseils, des savantes leçons, de l'affection tendre de leur ami, de leur maître, ont fait exécuter son image sur ce monument.* Le buste, sculpté par M. Guichard, est en marbre blanc.

Le monument du milieu de notre planche est celui élevé au célèbre antiquaire Visconti par son fils, architecte distingué. Il est exécuté en pierre de Château-Landon. Le buste est de M. David, les ornemens de M. Plantar.

Le troisième est celui de Bellanger, architecte. Sur le revers on lit cette inscription : *Aussi prompt à exécuter que hardi à concevoir, il créa en soixante jours Bagatelle et ses jardins ; il releva en treize jours la statue de Henri IV, pour la fête du 3 mai 1814* ; et, sur la pierre qui recouvre la tombe : *Ici repose François Joseph Bellanger, architecte du roi et de* MONSIEUR, *chevalier de la Légion-d'Honneur, né le* 12 *avril* 1744, *décédé le* 1*er* *mai* 1818. Ce monument est de MM. Lecointe et Hittorff, élèves de Bellanger ; le buste, en marbre, est exécuté par M. Rognier. L'inscription placée au dessous est en lettres d'or.

PLANCHES 7 ET 8.

Le tombeau du maréchal Lefèvre, duc de Dantzick, est l'un des plus remarquables du Cimetière de l'Est, par la pureté de son style et de son exécution. Il est tout en marbre blanc. Ses auteurs sont MM. Provost, architecte de la chambre des pairs, et David, sculpteur, membre de l'Institut. Sur la face principale, deux Renommées couronnent de chêne le buste du maréchal, qu'entoure une guirlande de laurier. Sur la face opposée sont deux trophées, entre lesquels pendent les armoiries de duc. Au dessous on lit, en deux colonnes, les grades successifs par lesquels il est passé pour arriver à la pairie, et les affaires qui lui valurent chacun d'eux. Les deux côtés latéraux n'ont point encore reçu les bas-reliefs qui doivent retracer ses principaux faits d'armes ; les tablettes appliquées sur le soubassement attendent aussi leurs inscriptions. On voit, par le plan, que l'épouse du maréchal s'est réservée une place auprès de son mari.

PLANCHE 9.

Des six tombeaux qui composent cette planche, le plus important est celui de Courtepée, architecte. Il est construit en pierre, sur les dessins de M. Bauche. Celui d'Antoine Marie Cochet, sculpteur, est exécuté avec beaucoup de soin ; il est placé au Cimetière Montmartre. Celui de J. T. Leconte est au Cimetière du Sud. Les autres sont au Cimetière de l'Est.

PLANCHE 10.

La sépulture de la famille Toulouse est construite entièrement en granit. L'inscription, et les hibous figurés sur la frise, sont sculptés en creux. Le bas-relief du fronton, et les ornemens de la porte, sont en fer fondu, d'une exécution remarquable. M. Rohault est l'architecte de ce monument.

La sépulture de la famille Bance aîné nous a paru devoir tenir sa place dans cet ouvrage, non comme monument architectural, mais comme moyen employé pour économiser le terrain. En effet, nous voyons, dans un espace de six pieds carrés, que l'on a trouvé place pour trente-six cercueils. Cette composition est de M. Arnaud, architecte. Ces deux sépultures sont au Cimetière de l'Est.

PLANCHE 11.

Les quatre monumens réunis sur cette planche sont au Cimetière de l'Est. Ils se distinguent par une noble simplicité, et rappellent tous des noms chers aux Muses. Les bustes de Grétry et de mademoiselle Raucourt sont en marbre blanc. La lyre appliquée sur la tombe de l'immortel auteur de *Richard-Cœur-de-Lion* est en plomb doré.

PLANCHE 12.

Le monument élevé à la mémoire de Camille Jordan est un dernier ouvrage de M. Mazois, architecte. Le buste, d'une grande ressemblance, est de M. David, statuaire, ainsi que le bas-relief placé sur le monument remarquable que madame de Bourke a fait élever à la mémoire de son mari par M. Visconti, architecte. Le tombeau du marquis de Caramayl est d'un style sévère, et produit un bon effet. Tous les trois sont au Cimetière de l'Est.

PLANCHE 13.

Depuis l'ouverture du Cimetière de l'Est, en 1802, jusqu'en 1821, que l'on commença les travaux de la chapelle dont nous donnons les plan, coupe et élévation, il n'y avait dans ce lieu aucun temple pour prier. C'est sur l'emplacement de la maison du célèbre jésuite La Chaise, confesseur de Louis XIV, que cette chapelle a été construite sur les dessins et sous la direction de M. Godde, architecte du Cimetière. Le bas-relief, la frise, les caissons de la voûte, n'ont point encore reçu leur exécution. L'indication que nous en donnons est prise sur le projet même, qui nous a été communiqué par l'auteur.

PLANCHE 14.

Ce monument, placé au Cimetière de l'Est, a été élevé à la mémoire de Masséna, un des guerriers les plus illustres de la France. Il est construit en marbre de Carrare, et a près de vingt pieds de haut. La façade principale est ornée du buste du maréchal, soutenu par une guirlande de laurier que deux épées supportent. Au dessus on lit la date de sa mort, le 4 avril 1817, et les noms de Rivoli, Zurich, Gênes, Essling. L'élévation postérieure est ornée des mêmes guirlandes et des deux épées. Les armes du prince, qui en occupent le milieu, ont pour emblèmes une Victoire et un chien, probablement pour rappeler que la victoire lui fut constamment fidèle. Les insignes de maréchal de France sont placés sur les côtés latéraux, au milieu de couronnes de laurier. L'architecte de ce monument est M. Méry Vincent ; le buste de M. Bosio, et la sculpture d'ornemens de M. Jacques.

PLANCHE 15.

Ces trois monumens sont construits en pierre. Celui à madame Boulade est orné, dans sa base, de couronnes au milieu desquelles sont sculptées en relief les lettres initiales des principaux membres de sa famille. M. Philippon en est l'architecte.

Les deux autres, d'un style sévère, produisent un effet satisfaisant. Tous trois sont au Cimetière de l'Est.

PLANCHE 16.

Le premier de ces tombeaux est celui à C. J. Panckoucke, fondateur du *Moniteur universel*. Il est en marbre noir; les ornemens sont en creux. Il a été exécuté par MM. Gillet et Dubuc, marbriers. Le second, celui de madame Watripon, est en marbre blanc. La partie inférieure est venue d'Italie. Son placement et l'ajustement de la partie supérieure sont dus aux soins de M. Grillon, architecte. Le troisième est simplement en pierre. Tous trois sont au Cimetière de l'Est.

PLANCHE 17.

Cette colonne, en marbre blanc, est élevée à la mémoire du marquis de Caulincourt, duc de Vicence, sur les dessins et sous la direction de M. Detailleur, architecte; les ornemens sont exécutés par M. Plantar. Sur la pierre horizontale qui couvre l'entrée du caveau, on lit cette inscription: *Armand-Auguste-Louis, marquis de Caulincourt, duc de Vicence, général de division, grand écuyer de France sous l'Empereur, grand aigle de la Légion-d'Honneur, chevalier des ordres de Russie, de Saint-André, de Saint-Alexandre Newski, de Sainte-Anne de première classe, grand cordon des ordres de Saint-Hubert de Bavière, de la Fidélité de Bade, de la Couronne verte de Saxe, de Saint-Joseph de Wurtzbourg, etc., ancien ministre et ambassadeur extraordinaire près de S. M. l'empereur de toutes les Russies, né le 9 décembre* 1773. Ce monument est placé au Cimetière de l'Est.

La pyramide gravée à côté est celle élevée à madame de Montmorency-Luxembourg. Elle est construite en pierre. La croix qui la surmonte, et la grille qui l'entoure, sont en fer fondu. M. Frœlicher en est l'architecte, M. Alary le constructeur. Ce monument se voit au Cimetière du Nord.

PLANCHE 18.

Le premier de ces monumens est celui élevé à Dupaty, statuaire. Il est en marbre blanc et exécuté sur les dessins de M. Ménager, architecte. Le buste est de M. Gersant; les ornemens de M. Plantar. Dans l'élévation postérieure, le buste est remplacé par les attributs des beaux-arts. Au dessous on lit la nomenclature des monumens de sculpture qui ont établi la réputation de Dupaty. Le tombeau suivant est celui d'une demoiselle anglaise dont les heureuses dispositions pour les lettres, les sciences et les arts, ont fourni le sujet du bas-relief exécuté à sa mémoire, où l'artiste, M. Guillois, a figuré un Génie entouré des attributs qui le caractérisent. M. Grillon est l'architecte de ce monument, qui est construit en pierre de Château-Landon. Le bas-relief est en marbre. Ces deux premiers monumens sont au Cimetière de l'Est. Le troisième a été élevé à la mémoire du maréchal duc de Coigny, gouverneur des Invalides. Il est appliqué sur le premier pilastre à gauche en entrant dans l'église de l'Hôtel royal des Invalides. Les modèles des ornemens ont été sculptés en bois par M. Boichard, sur les dessins de M. Bartholomé, architecte de l'Hôtel, et fondus en bronze et réparés avec beaucoup de talent par M. Fenchère père.

PLANCHE 19.

Sur cette première vue du Cimetière de l'Est, prise de l'intérieur de la salle appelée *Rond-Point des Peupliers*, le premier monument représenté est celui de Gaspard Monge. Comme un des plus importans du cimetière, nous le reproduisons, avec ses détails, planche 52e. Le buste que l'on voit auprès est celui de Béclard, médecin. Viennent ensuite les sépultures des familles Leroy-Pelgas; Porcet, négociant, sur laquelle on lit: *La mort elle-même ne les sépara pas*; Armand, Déal; le buste de Pinel et la pyramide en marbre noir du baron Percy, tous deux médecins; enfin la sépulture de la famille Trubert, placée dans la partie supérieure à droite du spectateur.

PLANCHE 20.

Dans son *Atlas des Monumens de la France*, publié par Desray en 1805, M. Lenoir dit de cette chapelle:

« La chapelle sépulcrale d'Héloïse et d'Abeilard, » que nous avons fait construire avec les débris du » cloître du Paraclet, peut donner une idée du premier » style de l'architecture dite gothique, telle qu'elle fut » pratiquée aux premières époques de son introduction » en France. On peut remarquer que la forme ogive » des voûtes est plus aplatie et dessine moins l'œuf que » sous le règne de saint Louis, époque où ce genre » d'architecture fut perfectionné.

» Dans le milieu de cette chapelle on voit le tombeau » d'Abeilard, qu'avait fait élever à son ami, dans l'é» glise de Saint-Marcel, près de Châlons-sur-Saône, » Pierre-le-Vénérable, abbé de Cluny. Abeilard y est » sculpté couché, la tête faiblement inclinée sur un » oreiller que soutiennent deux petits anges. Il a les » mains jointes; il est vêtu en religieux; à ses pieds est » un chien. La statue, aussi couchée, d'Héloïse, vêtue » de l'habit de veuve qu'on portait alors dans les cloî» tres, est placée à côté de celle d'Abeilard. Les bas» reliefs du sarcophage représentent les pères de l'Église » et une cérémonie religieuse. »

Le même auteur, dans sa *Description historique et chronologique des Monumens de sculpture réunis au Musée des Petits-Augustins*, nous apprend que la statue d'Héloïse est une figure de femme sculptée dans le siècle où vivait l'héroïne, que le masque des têtes des deux amans sont dus au ciseau de M. Deseine, qui a eu en main, pour se guider dans le caractère à leur donner, des plâtres pris sur leurs ossemens même, au moment de l'arrivée à Paris, le 3 floréal an VIII, des deux cercueils qui les renfermaient.

Depuis la suppression du Musée des Petits-Augustins, vers 1816, ce monument précieux a été transporté au Cimetière de l'Est, où il a été très-bien restauré par les soins et sous la direction de M. Godde, architecte.

PLANCHE 21.

Au premier aspect, on prend plutôt pour une chapelle que pour un tombeau, ce monument élevé au prince Cambacérès. Quatre pilastres aux angles supportent une corniche dorique, et servent de base à un autel de forme antique construit en marbre blanc. Sur la face principale de cet autel sont les armes du prince; sur les côtés latéraux, des couronnes de laurier; aux angles, des flambeaux renversés. Ce monument a été construit par M. Marcel; M. Plantar a exécuté la sculpture d'ornement.

PLANCHE 22.

Le premier de ces quatre monumens, tirés du Cimetière de l'Est, est celui élevé à Fourcroy, chimiste, sur les dessins de feu Molinos, architecte. Il est en pierre, le buste en marbre. Le second est un simple cippe, sans autre ornement que le nom du célèbre poète Chénier. Le troisième est construit en pierre. Il est élevé à la mémoire d'Eustache Colin, négociant. Le dernier est celui de Chaussier; il se compose de quatre colonnes d'ordre grec surmontées d'un fronton; dans le milieu est placé le buste du savant, que caractérisent les attributs d'Esculape, sculptés sur le soubassement. M. Baltard en est l'architecte.

PLANCHE 23.

Deux de ces monumens sont des espèces de bornes antiques. Le premier a été élevé à la mémoire de madame Heim, femme du peintre, sous la direction de M. Le Bas, architecte. Il est en marbre. Le bas-relief remarquable qui le décore est de M. Cartellier. Le second, également en marbre, est celui du maréchal Pérignon; il est orné d'un trophée d'armes dont l'exécution très-pure fait infiniment d'honneur à M. Plantar. Un hibou au milieu d'une couronne de pavots, et quatre urnes funéraires, sont gravés comme des espèces d'hiéroglyphes au dessous de ce trophée. L'architecte de ce monument est M. Godde. Le dernier de ces tombeaux est celui de madame Marcoz, vicomtesse de Sénonnes. Un Génie tenant un flambeau et s'appuyant sur une urne, compose le bas-relief qui le décore: il est tout en marbre blanc. Sur l'un des côtés on lit cette inscription: *Marie Geneviève Amélina Marcoz, vicomtesse de Sénonnes, née à Lyon, le 30 juin 1785, morte à Paris, le 25 avril 1826*. Ces trois monumens sont au Cimetière de l'Est.

PLANCHE 24.

Une espèce de cippe en pierre, surmonté d'une urne cinéraire sur laquelle on lit ces mots: *Mes amis, croyez que je dors*, couvre les restes du chevalier de Boufflers. Ses armes et les attributs des arts, soutenus par des guirlandes de laurier, ornent ce monument, dont M. Achille Leclerc est l'architecte. Il a été exécuté par M. Corbel. Celui du baron de Saint-Pol est simple et original: les ornemens en sont très-soignés. Le troisième est une espèce de borne antique décorée d'une palmette, au milieu de laquelle est un masque. Il a été construit sur les dessins de M. Grillon, architecte. Ces trois tombeaux sont au Cimetière de l'Est.

PLANCHE 25.

La sépulture de la famille Boode est l'une des plus remarquables du Cimetière de l'Est. L'architecte de cette sépulture, M. Santy, a été obligé de suivre à peu de chose près un programme qui lui a été donné, programme fait d'après un kiosque qui existe en Hollande, dans l'une des propriétés de la famille Boode. Ce monument est en pierre, et construit par les soins de M. Schwind; les ornemens, par M. Plantar, sont incrustés comme des mosaïques. La porte est en fer fondu.

PLANCHE 26.

Cette sépulture de la famille Frochot renferme les restes de l'ancien préfet du département de la Seine, sous Napoléon. Son fils repose près de lui. Ce monument, que madame Frochot a chargé M. Godde, architecte, d'élever à leur mémoire, est d'une composition simple et riche à la fois, qui fait honneur à son auteur. Les figures sont sculptées par M. Raggi, et les ornemens par M. Plantar. Quoique construit entièrement en pierre, il n'a pas coûté moins de 20,000 fr. On le voit au Cimetière de l'Est.

PLANCHE 27.

Ces trois monumens ont été exécutés par M. Schwind dans différentes villes de France. Celui de M. Crawhez, substitut du procureur du roi près le tribunal de Charleroy, est en marbre. Tous trois sont d'une bonne forme, mais celui du milieu se distingue par l'harmonie de sa composition.

PLANCHE 28.

Trois familles doivent être réunies un jour dans cette sépulture. M. Lecointe, qui en est l'architecte, a trouvé moyen d'y placer cinquante-quatre cercueils. Nous ignorons si les vendeurs de terrains à perpétuité approuveront cette manière ingénieuse de placer un grand nombre de cercueils dans un espace exigu, mais nous convenons qu'elle a pour les familles l'avantage précieux de réunir tous ses membres dans un même lieu, et de permettre l'économie dans des dépenses que des exigences de toute nature rendent de jour en jour plus exhorbitantes. Ce monument en pierre n'est point achevé. La partie supérieure, qui doit être en porcelaine, reste encore à faire. Il se voit au Cimetière de l'Est. Sa grille est en fonte de fer.

PLANCHE 29.

Cette sépulture de la famille Carette est au Cimetière de l'Est. Elle a été construite par M. Schwind, entrepreneur, sur les dessins de M. Visconti, architecte. Le sarcophage, placé dans l'intérieur, est soigneusement exécuté. La porte, en fer fondu, est d'une grande richesse. Celle de la famille Boscary a été élevée sur les dessins de M. Vincent Mery, architecte. La porte et les ornemens, composés dans le style égyptien, sont en fonte de fer. Il est aussi au Cimetière de l'Est.

PLANCHE 30.

Le premier de ces six tombeaux a été exécuté sur les dessins de M. Châtillon, architecte, par M. Schwind. Les deux qui suivent sont en marbre blanc, ainsi que celui de S. N. Hurtrelle. Ce dernier est placé au Cimetière Montmartre, les cinq autres au Cimetière de l'Est.

PLANCHES 31, 32, 33.

Nous donnons, sur ces trois planches, les plan, coupe et élévation, et les détails de sculpture et d'ornement du monument élevé, dans la chapelle monumentale construite près de l'ancienne église chartreuse d'Auray, aux victimes de la malheureuse affaire de Quiberon.

Au dessus d'un caveau souterrain, dans lequel reposent les restes des braves et valeureux royalistes qui périrent à Quiberon, le 21 juillet 1795, s'élève le monument. Il est composé de deux parties distinctes : le soubassement, ou socle carré, sur les parois extérieures duquel sont tracés les noms de toutes les victimes de cette journée mémorable, et le sarcophage, ou mausolée, destiné à perpétuer la mémoire des principaux chefs qui moururent dans l'action. Trois des côtés de ce soubassement sont occupés par les tablettes ; celui de la face principale donne entrée à la chapelle ardente pratiquée à l'intérieur. Ces tablettes, qui sont en marbre, sont au nombre de dix-sept ; chacune est séparée par un flambeau renversé, suspendu à la guirlande continue qui couronne cette nombreuse liste de sujets fidèles. A chacun des angles, le Génie de la France est figuré éploré, tenant un flambeau renversé d'une main, et de l'autre ou une couronne ou une palme de martyr.

Sur les faces antérieures et postérieures du mausolée sont sculptés des bustes en marbre blanc. Ceux des comtes de Sombreuil et Soulanges sont appliqués sur la face principale, ceux de d'Hervilly et Talhouet sur la face opposée. Sur les côtés latéraux sont représentés en bas-relief deux actions d'éclat : le débarquement des émigrés et le trait sublime de Gesril du Papeu, officier de marine ; aux deux extrémités de ces bas-reliefs sont des trophées d'armes. Le tympan du fronton circulaire de la face principale est décoré d'un bas-relief représentant la Religion plaçant sur le mausolée la couronne du martyre ; l'autre contient le buste de René de Hersé, évêque de Dol, soutenu par deux anges. Les angles du mausolée sont surmontés de fleurs de lys ornées, et différentes de celles qui règnent sur les côtés latéraux.

Dans l'intérieur de la chapelle expiatoire, et sur le mur qui la sépare de l'ancienne église d'Auray, sont les deux bas-reliefs gravés au bas de notre planche 32e : l'un représente S. A. R. le Dauphin, priant sur les ossemens des victimes de Quiberon ; l'autre, S. A. R. madame la Dauphine, posant la première pierre du mausolée.

Ce monument expiatoire a été exécuté d'après les dessins de M. Caristie, architecte, membre du conseil des bâtimens civils du département de la Seine ; la sculpture des figures et des bas-reliefs a été confiée à MM. Petitot et Roman, celle d'ornemens à M. Plantar, et la marbrerie à M. Corbel ; la porte, en bronze, est de M. Delafontaine.

Avant son transport au lieu de sa destination, ce mausolée a été exposé dans les ateliers de M. Corbel, à Paris, en 1829.

PLANCHE 34.

Le premier de ces monumens est celui de madame la comtesse Louise de Girardin. La pureté de son style rappelle le talent de son auteur, M. Percier ; il est exécuté en marbre blanc, et placé au Cimetière de l'Est. Le deuxième est celui d'Alexandre Deseine, dessinateur. Les artistes, parmi lesquels il comptait beaucoup d'amis, ont fait exécuter son buste en bronze par M. Raggi, au moyen d'une souscription. M. Vincent, inspecteur du Palais-de-Justice, est l'architecte de ce monument. Le dernier, celui de M. l'archevêque Desolle, est en pierre comme le précédent ; il a été élevé sur les dessins de M. Vaudoyer fils ; sa dépense ne s'est élevée qu'à 630 francs. Ces deux derniers monumens sont au Cimetière du Sud.

PLANCHE 35.

En donnant les détails de cette sépulture de la famille de Varange, nous avons voulu donner un nouvel exemple de la manière dont on peut distribuer les compartimens destinés à recevoir les cercueils, lorsqu'on veut en réunir un certain nombre dans un même lieu. Celle-ci peut en contenir vingt-deux. Elle a été construite au Cimetière de l'Est, sur les dessins et sous la conduite de M. Schwind.

PLANCHE 36.

La colonne en marbre blanc élevée à la mémoire du général Clarke, maréchal de France, ancien gouverneur des Invalides, sur les dessins de M. Bartholomé, architecte, a été exécutée dans toutes ses parties par M. Henraux. Son piédestal est établi sur trois gradins de dix pieds de superficie. La grille qui l'entoure a quarante-huit pieds de développement. Ce monument est érigé dans le cimetière de la commune de Nurviller, située au bas de la forêt d'Ensheim, près Saverne, département du Bas-Rhin.

Le petit monument élevé à la mémoire de P. Guillon par son fils, M. Lethière, membre de l'Institut, est placé au Cimetière du Nord. La partie sur laquelle est appliqué le buste, l'inscription et les deux urnes, est en marbre blanc ; le reste est en pierre.

La pyramide élevée à Pauline Delaplace se voit au Cimetière de l'Est.

PLANCHE 37.

Ce monument, élevé à la mémoire du duc de Berri, sous l'invocation de saint Charles, patron du prince, est placé dans la chapelle de l'hospice de Rosny. L'érection en fut ordonnée par la duchesse, le lendemain même de la mort de son mari, le 13 février 1820. Il est entièrement en marbre blanc veiné, et disposé de manière à pouvoir réunir un jour le cœur des deux époux. Celui du prince a été placé intérieurement à la hauteur de l'inscription. Les habits que portait le duc le jour où il a été assassiné, sont renfermés dans un coffre en chêne qui a été déposé dans le caveau souterrain. Les artistes qui ont coopéré à l'exécution de ce monument, sont MM. Frœlicher pour l'architecture; Rutxhiel pour la figure de saint Charles; Boichard pour les ornemens. La grille, dont les compartimens sont formés de palmes, et offrent au centre les chiffres de Charles et de Caroline, devait être en fer fondu; le modèle en bois en a été fait sur les dessins de M. Feuchère.

PLANCHE 38.

Des cinq tombeaux réunis sur cette planche, le premier est celui d'un jeune enfant. Il est d'une très-petite proportion, et seulement en pierre, à l'exception des tables portant des inscriptions, qui sont en marbre; mais son exécution soignée fait honneur à M. Plantar, qui l'a exécuté sur les dessins de M. Charpentier, architecte. Celui du général E. F. Dumas est également en pierre; il se voit au Cimetière du Sud. Les trois autres sont en marbre blanc, et placés au Cimetière de l'Est. L'un d'eux est élevé sur la tombe de mademoiselle Elfride Clarke, fille du général dont nous avons donné le monument, planche 36. Une inscription, soutenue par une guirlande de fleurs, indique que sa mère lui fit élever ce monument. Une inscription semblable, placée sur l'élévation postérieure, donne la date de la naissance et de la mort de cette fille chérie.

PLANCHE 39.

La conception du monument à madame Demidoff, née baronne de Strogonoff, appartient à M. Jaunet, architecte, et elle n'est assurément pas pour lui un titre de gloire. Le sarcophage est une imitation de l'antique. Exécuté à Carrare même, d'où il a été transporté au Cimetière de l'Est, ce monument est tout en marbre blanc. S'il a l'avantage d'attirer tous les regards par l'importance de sa masse, la richesse de sa matière, sa belle exposition, les artistes le prisent peu; on peut dire même qu'ils ne lui reconnaissent aucun mérite, et déplorent que de si beaux matériaux aient été si mal employés. Il n'a d'intérêt à nos yeux que par les difficultés qu'il fallut surmonter pour l'établir et le consolider sur un terrain peu propre à la bâtisse. Les plans et coupes que nous en donnons, indiqueront aux constructeurs la nature et l'importance des travaux qu'il fallut faire à cette occasion, et la part de mérite qui revient à MM. Chatillon, architecte, et Schwind, qui a exécuté les travaux.

PLANCHE 40.

L'irrégularité du terrain du Cimetière de l'Est a donné moyen à M. Lecointe, architecte, de réunir, dans un seul et même monument, et cependant d'une manière très-distincte, deux sépultures, celle de M. Achille Vigier et celle du général Frère. La construction de ce monument a été confiée à M. Schwind, et la sculpture à feu M. Thierry. Sur l'une des tables qui décorent l'élévation principale, la deuxième à droite, est cette inscription : *Ici repose dame Achille Vigier, Louise-Sophie-Agathe, fille du lieutenant-général Frère, née à Paris, le 24 avril 1803, décédée à Livourne, le 5 mai 1828.*

PLANCHE 41.

Le premier de ces monumens, celui de Pierre Lambert, chanoine d'Angoulême, est en marbre blanc, et décoré de sculptures d'une belle forme et d'une bonne exécution. Le second a été élevé sur les dessins de M. Debret, architecte, par M. Schwind. La grille est en fer fondu. L'ensemble de ce monument produit un heureux effet. Le troisième est une copie, en marbre blanc, exécutée d'après un monument grec. Tous trois sont placés au Cimetière de l'Est.

PLANCHE 42.

Des six monumens gravés sur cette planche, un seul est en marbre : c'est celui de M. L. Delabrierre. Il est placé au Cimetière du Sud. Ceux de Claire Hurtault et de Léon Lebas sont tirés du Cimetière du Nord. Le tombeau de mademoiselle Le Sueur est décoré d'une lyre d'une proportion un peu forte, mais bien sculptée. Celui du baron Jaquet a été exécuté sur les dessins de M. Debret, architecte, par M. Schwind. Le plus considérable des six est celui de la famille Saint-Jorre. Il paraît avoir pris faveur, car MM. Capellero et Maillochon l'ont déjà reproduit plus d'une fois au Cimetière de l'Est, d'où ces trois derniers monumens sont tirés.

PLANCHE 43.

Les deux monumens qui occupent le premier plan de cette seconde vue pittoresque du Cimetière de l'Est, sont ceux qui renferment les restes des deux hommes dont la France doit peut-être le plus s'enorgueillir d'avoir vu naître, Molière et La Fontaine. Tous deux ont été creusés dans la masse, tous deux ont été décorés par le même artiste, feu M. Feuchère père; tous deux ont été retirés en 1827 du Musée des Monumens français, pour être offerts à la vénération publique dans le Cimetière de prédilection, et par les soins de M. de Chabrol de Volvic, préfet du département de la Seine. Celui de Molière est d'une grande simplicité; quatre pilastres soutiennent le sarcophage en pierre dans lequel sont renfermés les ossemens du célèbre auteur comique. Celui de La Fontaine est un sarcophage en pierre élevé sur un socle en marbre noir, que deux bas-reliefs décorent. L'un représente la fable du Loup et l'Agneau, l'autre le Loup et la Cigogne. Ces deux bas-reliefs en bronze, ainsi que la figure du renard qui surmonte le sarcophage, font honneur à feu M. Feuchère, dont le talent a trouvé un digne héritier dans son fils, aujourd'hui notre plus habile bronzier. Sur le troisième plan est le tombeau de Louis Savart, dont le buste est en bronze; plus loin celui de N. Ramboug. La colonne, d'ordre corinthien, est élevée à la mémoire de Pierre Dufrenel, et la gigantesque pyramide du dernier plan appartient à la famille Gémon.

PLANCHE 44.

La sépulture des familles Rebuf et Ferick a la forme d'un petit temple. La porte en est à jour, et en fer fondu. M. Schwind l'a construit. Celle des familles Isabey et Constantin, dont ce dernier est l'architecte, est en pierre comme la précédente. Les ornemens qui la décorent sont exécutés par M. Mouret fils. La colonne placée comme démarcation entre les deux familles, est élevée à la mémoire d'Aristide Constantin, mort pour son pays. Ces deux sépultures sont au Cimetière de l'Est.

PLANCHE 45.

Cette sépulture de la famille du baron Demicoud se trouve assez expliquée par les deux élévations, les deux plans et les deux coupes que nous en donnons. Elle est construite en pierre, et placée au Cimetière de l'Est. M. Pierre Clochard en est l'architecte.

PLANCHE 46.

Le premier des deux tombeaux ici gravés est celui que Bonaparte fit élever à Desaix dans l'église de l'Hospice du mont Saint-Bernard, où sont déposées les dépouilles mortelles de ce brave général. Son exécution fait beaucoup d'honneur au statuaire Moite. Le sarcophage est en marbre blanc; il est élevé sur un socle en pierre, sur lequel sont gravés, à la manière égyptienne, les attributs de la valeur et de la prudence. Le bas-relief du milieu représente le général expirant sur le champ de bataille de Marengo. Les deux pilastres attiques qui l'encadrent sont ornés des figures du Nil et du Pô, témoins de la gloire de Desaix. Ces deux figures sont d'une sculpture très-douce, pour ne pas nuire au bas-relief principal. Dans la frise on lit cette inscription : *A Desaix, mort à la bataille de Marengo.* Une couronne héroïque est placée dans le fronton, aux extrémités duquel sont deux petites Victoires ornant de guirlandes des candélabres, symbole de consécration.

La date de la translation au mont Saint-Bernard de ce monument, qui a été exécuté à Paris dans l'atelier de M. Moite, paraît devoir être reportée au 30 prairial an XIII (20 mai 1805).

Le tombeau de J.-J. Rousseau, dont nous donnons ici la gravure, est celui que M. Girardin fit élever en 1780 à Ermenonville, dans l'île des Peupliers, pour recevoir les restes mortels du philosophe qui prépara les esprits au grand drame, dont nous paraissons être arrivés au dénouement. Ce monument est en pierre; il fait honneur à feu Lesueur, statuaire, qui, dans le bas-relief de la face principale du sarcophage, a su parfaitement caractériser l'homme de la nature dont il devait perpétuer le souvenir, et la tendance des écrits.

J.-J. Rousseau, mort le 2 juillet 1778, a été déposé dans l'île des Peupliers, le 4 janvier 1779, et transporté de là au Panthéon le 13 octobre 1791.

PLANCHE 47.

Le tombeau en pierre de M. Ch. Emmanuel Surler ne manque pas de caractère; la sculpture est de M. Matte. Celui d'un jeune Anglais est en marbre, et d'une noble simplicité. Le suivant, élevé au fils du général Diesbach, est heureux de proportion. Par l'image d'un papillon sculpté au milieu d'une couronne, l'artiste semble avoir eu en vue de fixer l'ame du défunt. C'est une idée neuve dont la foule des imitateurs ne manquera pas de s'emparer. Le tombeau de François Cordier est ajusté avec goût et orné d'emblèmes qui caractérisent bien le négociant que la justice, la prudence, la vigilance, la bonne foi ont conduit à la fortune. Ces quatre tombeaux sont au Cimetière de l'Est. Celui élevé au naturaliste Linnée, dans le parc de l'hôtel de Noailles, à Saint-Germain, est en pierre, excepté les deux médaillons, qui sont en marbre.

PLANCHE 48.

Le premier de ces monumens est exécuté en pierre, par M. Schwind, sur les dessins de M. Chatillon, architecte. Celui de madame Blanchard est en pierre de Château-Landon. Un balon enflammé, une nacelle dont les cordes sont cassées, indiquent assez la fin malheureuse de cette célèbre aéronaute. Le tombeau du comte de Labédoyère est en pierre, son bas-relief en marbre blanc. Sur la surface postérieure on lit cette inscription : *Ici repose Charles-Angélique-François Huchet, comte de Labédoyère, né le 17 avril 1786, enlevé à tout ce qui lui était cher, le 19 août* 1815. Le quatrième de ces monumens est encore un de ceux que M. Schwind a exécutés. Tous les quatre sont au Cimetière de l'Est. Celui de M. Raymond, architecte, se voit au Cimetière du Nord.

PLANCHE 49.

Les hommes qui, comme Voltaire, Rousseau, Montesquieu, Molière, ont illustré leur pays, cessent en quelque sorte d'avoir une famille propre; la nation, dont ils font la gloire, devient alors leur mère. A de pareils hommes il ne faut pas de ces chétifs monumens funéraires qui les laisseraient confondus dans la foule des médiocrités : un temple somptueux devrait honorer leur mémoire. L'assemblée nationale avait senti cette vérité, sans doute, lorsqu'elle décréta que tous les grands hommes de la France seraient déposés au Panthéon après leur mort. Mais cet hommage éclatant rendu au mérite éminent n'aurait pas dû suffire à la reconnaissance nationale. Chacun de ces grands génies aurait dû avoir, pour recevoir ses dépouilles mortelles, un tombeau particulier digne de lui et de la nation qui le lui consacrerait. Que doivent dire les étrangers qui visitent nos monumens, lorsqu'ils voient le luxe des tombeaux des particuliers et la mesquinerie de ceux que nous avons cru devoir élever à nos grands hommes! Quelle idée peuvent-ils prendre de cette nation qui se croit appelée à régler les mœurs et les institutions des autres peuples! Voltaire, l'homme unique, universel, n'a pour dernière demeure qu'un misérable sarcophage en bois et en plâtre peint en marbre. Qui le croira! Ce sarcophage est celui dont nous donnons la gravure; le même qui, le 27 juillet 1791, fut placé sur le char funèbre qui transporta les dépouilles du grand homme de l'église de Romilly, située dans le département de l'Aube, au Panthéon français, où l'appelait le décret de l'assemblée nationale du 30 mai 1791.

Sur l'élévation postérieure, que nous ne reproduirons pas, on lit : *Il combattit les athées et les fanatiques; il inspira la tolérance, il réclama les droits de l'homme contre la servitude de la féodalité*; et, sur l'autre élévation latérale : *Il défendit Calas, Sirven, de la Barre, Montbailly*. Ce monument provisoire, comme nous aimons à le croire, a été exécuté sur les dessins de M. Hubert, architecte. Déposé d'abord à Romilly, puis dans l'église souterraine de Sainte-Geneviève, qui venait d'être transformée en Panthéon, il fut quelques années à l'abri de la détérioration que la fragilité de ses matériaux devait faire craindre; mais sous le dernier règne des jésuites, le tombeau d'un homme qui avait mis au grand jour les turpitudes de leur ordre, ne pouvait trouver grâce à leurs yeux, et, le 29 décembre 1821, il fut relégué avec celui de J.-J. Rousseau, dont nous parlerons bientôt, dans le caveau privé d'air qui est indiqué sur la portion du plan souterrain gravée sur notre planche. L'entrée de ce caveau fut murée. Cette précaution infernale donna une action telle à l'humidité, que le 20 août 1830, lorsqu'on voulut remettre ces tombeaux à leur place d'honneur dans l'église souterraine du Panthéon, les plus grandes précautions ne purent qu'en partie les préserver de la ruine.

PLANCHE 50.

Ce que nous avons dit à l'occasion du tombeau de Voltaire s'applique naturellement à celui de J.-J. Rousseau, qui offre un autre exemple de cette insouciance impardonnable que montrent les Français pour les cendres de leurs grands hommes. Le philosophe de Ferney, comme le philosophe de Genève, reposent au Panthéon dans des sarcophages en bois et en plâtre. Espérons que notre nouveau gouvernement réparera bientôt l'injustice des précédens, et que cette inscription : *Aux grands hommes, la patrie reconnaissante*, qu'on lit sur le frontispice du Panthéon, cessera d'être une vaine démonstration. Si, par sa matière, le tombeau de J.-J. Rousseau est indigne du personnage dont il contient les dépouilles mortelles, sous le rapport de l'art, il a un véritable mérite, celui de rappeler sans équivoque l'esprit, les mœurs, le caractère de J.-J. Rousseau. La chaumière sous laquelle il trouva ses plus nobles inspirations, la mère allaitant elle-même ses enfans, la nature dévoilée offerte à tous les regards, ces personnages de tous les sexes, de tous les âges, qui viennent répandre des fleurs sur le simulacre de son tombeau, enfin, cette main armée d'un flambeau qui sort d'une porte entr'ouverte, comme pour éclairer le monde dans les âges futurs, sont des allusions aussi ingénieuses que significatives, dont toutes les personnes qui ont lu les œuvres de J.-J. Rousseau apprécieront la justesse. La composition de ce monument classe son auteur, feu M. Thibault, architecte, au rang des poètes, si, comme nous le croyons, la pensée a la prééminence sur l'exécution dans les arts. Le 13 octobre 1791 est la date de la translation au Panthéon du tombeau de J.-J. Rousseau.

PLANCHE 51.

Après que l'assemblée nationale eut décrété, en 1791, que l'église nouvelle de Sainte-Geneviève recevrait dans son sein les restes mortels des grands hommes de la France, et serait ainsi transformée en Panthéon, il ne fut fait aucuns travaux pour recevoir dignement la tombe des personnages qu'elle voulait honorer. Ce n'est que lorsque Napoléon, en 1806, ordonna que tous les grands dignitaires de l'empire seraient transportés après leur mort dans ce temple privilégié, qu'on disposa à cet usage vingt-quatre caveaux semblables à celui dont nous donnons les détails. Ils ont été disposés de manière à pouvoir contenir chacun onze cercueils et deux urnes. Au dessus de la porte de chaque caveau est appliqué sur des tables, et en relief, le chiffre chrétien et symbolique gravé sur la tombe des martyrs enterrés dans les catacombes de Rome. Ces mêmes chiffres devaient être figurés en verre de couleur sur les vitraux qui auraient fermé les soupiraux des différens caveaux; mais le besoin de laisser circuler l'air dans ces souterrains, a fait abandonner ce projet. La place circonscrite que chaque monument funéraire doit occuper dans les caveaux, limite singulièrement la forme que chacun peut avoir. Aussi ces monumens ont-ils entre eux une ressemblance presque inévitable. Ceux du duc de Montebello, par M. Rondelet fils, et de Soufflot, par M. Baltard, gravés sur cette planche, occupant une place particulière dans l'église souterraine, sortent des données du programme ordinaire. Le premier est en bois peint en marbre, autre exemple de cette ignoble parcimonie que nous avons déjà eu l'occasion de blâmer; sur l'élévation postérieure on lit ces mauvais vers :

Dans les champs des combats, héros fier et terrible,
Et dans ceux de Cérès, nouveau Cincinnatus,
Au sein de sa famille, époux, père sensible,
A la cour il aima dans son maître un Titus.

Celui de Soufflot est plus décent; il est au moins en pierre; peut-être même, pour un architecte, cette modeste matière convient-elle mieux que le marbre le plus précieux. M. Plantar, dans les ornemens dont il l'a décoré, a donné une nouvelle preuve de son précieux talent.

A la mort de Germain Soufflot, le 29 août 1780, on voulut l'inhumer dans cette église de Sainte-Geneviève, dont la conception et l'exécution devaient l'illustrer à jamais. Mais l'état peu avancé des constructions fit ajourner ce projet, qui ne fut réalisé que le 19 février 1829. Jusque-là son cercueil resta déposé dans le caveau sépulcral de l'église des génovéfins. La translation du corps de Soufflot au Panthéon se fit avec pompe, au milieu d'une foule d'artistes, de membres de toutes les sociétés savantes, d'amis et de parens qui saisirent cette occasion de rendre un nouvel hommage au talent et au caractère honorable de cet architecte distingué.

L'année même de cette translation mourut M. Rondelet, l'ami, le digne élève de Soufflot, celui qui, par une étude particulière de la force respective des matériaux, et une science parfaite de construction, sut consolider, sauver peut-être d'une destruction complète l'œuvre par excellence de son maître. On sait que le Panthéon, bâti sur un terrain mobile, au dessus de carrières déjà exploitées, éprouva un tassement inégal qui donna les inquiétudes les plus graves pour la coupole, et qu'il ne fallut rien moins que le talent de M. Rondelet pour remédier à tems au mal déjà fait, et prévenir celui qui serait certainement arrivé plus tard. Ces titres à la reconnaissance publique auraient pu valoir à feu M. Rondelet l'honneur d'être enterré auprès de Soufflot dans l'église témoin de leur commune gloire; espérons que cette justice n'aura été que tardive.

PLANCHE 52.

Les élèves de l'Ecole Polytechnique ont fait élever ce monument à Gaspard Monge, leur ancien professeur, au moyen d'une souscription ouverte par eux. Ils en ont confié l'exécution à M. Clochard, architecte, qui, dans le style qu'il lui a donné, a cherché à rappeler que Monge avait fait partie de cet Institut d'Egypte dont les travaux scientifiques ont été si riches en résultats. Sur l'élévation postérieure est la date de l'érection du monument: *M. D. CCC. XX.*, et, sur le pavé de la chambre sépulcrale: *Ci-gît Gaspard Monge, comte de Pelus, né à Beaune, département de la Côte-d'Or, le* 10 *mai* 1746, *membre de l'Institut, ancien membre de l'Académie des Sciences, grand-officier de la Légion-d'Honneur, ancien sénateur et professeur de l'Ecole Polytechnique, mort à Paris le* 28 *juillet* 1818. Ce monument est au Cimetière de l'Est.

PLANCHE 53.

De ces trois monumens, tirés du Cimetière de l'Est, celui de M. J. Hurtault, architecte, est seul en marbre. Il passe pour avoir été élevé sur les propres dessins de cet homme qui a laissé un nom honorable dans les arts. Ceux du marquis de Clermont Gallerande et du marquis de Vernon, pour être en pierre, n'en sont pas moins recommandables. Ce dernier a été exécuté par M. Vaudoyer père. Il n'a coûté que 690 francs.

PLANCHE 54.

Le premier de ces trois monumens rappelle le style grec, les deux autres le style égyptien. Ils se font remarquer par une très-belle exécution, et l'on regrette que celui élevé à Descostils soit d'une petite proportion; sur une échelle beaucoup plus grande, il eût produit infiniment plus d'effet. Les deux premiers sont au Cimetière de l'Est, le troisième au Cimetière du Sud.

PLANCHE 55.

Ce monument, élevé à la mémoire de madame la comtesse de Grancey, dans le parc de Fresnes en Tardenois, a été exécuté sur les dessins de M. Saint-père fils, architecte, par M. Corbel, marbrier à Paris, et dans ses ateliers. Il est en pierre de Tonnerre, excepté le médaillon et les armes de la famille, sculptés sur les deux faces principales, qui sont en marbre. Il a coûté 6,000 francs, plus 600 francs environ en frais de transport.

PLANCHE 56.

Trois hommes de talent ont coopéré à l'exécution de ce beau monument; MM. Achille Leclere, architecte; David, statuaire, tous deux membres de l'Institut, et M. Corbel, marbrier. Un sarcophage en marbre noir, élevé sur un socle en marbre blanc servant de soubassement, renferme les restes de Bonchamp. La figure du général vendéen, placée sur ce monument, est représentée au moment où, blessé et près d'expirer, il crie aux siens: *Grâce aux prisonniers!* Elle est pleine de mouvement et du plus beau caractère; son expression est sublime comme les paroles qu'elle est censée prononcer. Les figures de la Religion et de la France chrétienne sont du plus beau style, et achèvent de donner à ce monument, qui est placé dans l'église de Saint-Florent, sur les bords de la Loire, un caractère grandiose, digne de sa destination.

PLANCHE 57.

Des trois tombeaux gravés sur cette planche, deux ont *été* composés par M. Vaudoyer père, architecte; ceux de M. Léon Dufourny et de madame Rouchot. Le troisième, consacré à M. J. Sallandrouze, est exécuté sur les dessins de M. Saint-Ange Delhamayde, architecte. Le premier devait être élevé au Cimetière de l'Est, en face de celui de M. Brongniart, où reposent les restes du savant professeur, mais la mort du neveu, héritier de L. Dufourny, empêcha l'exécution de ce projet. Nous nous trouvons heureux d'avoir réparé autant qu'il était en nous de le faire, par la publication de ce dessin, l'espèce d'oubli dans lequel semble rester la tombe d'un homme qui a tant de droits à l'estime et à la reconnaissance des artistes, et particulièrement des architectes formés à son école. La tombe de madame Rouchot se voit au Cimetière du Sud; celle de M. J. Sallandrouze, au Cimetière de l'Est. Ce dernier monument est tout en marbre. Le lierre qui enlace les deux urnes sculptées au dessous de la tablette destinée à rappeler les personnages enterrés dans les deux tombes placées en avant, est un emblème ingénieux, et les attributs des sciences, des arts, des manufactures et du commerce, figurés sur le soubassement de cette espèce de pierre tumulaire, disent bien quels furent les travaux et les fonctions qui remplirent la vie du défunt. Ces sculptures sont de M. Plantar; c'est en faire l'éloge. Ce monument est au Cimetière de l'Est.

PLANCHES 58 ET 59.

La sépulture de la famille Perregaux est une des plus importantes du Cimetière de l'Est, par son aspect majestueux, la belle disposition de son plan et la pureté de ses formes architecturales. Sa conception fait honneur à M. Blanchon, architecte, et sa construction à M. Schwind, entrepeneur. Les différens plans, coupes, élévations que nous en donnons, suffisant à sa parfaite intelligence, nous n'entrerons dans aucun autre détail descriptif. La porte de cette espèce de chapelle sépulcrale est en fer fondu.

PLANCHE 60.

Les trois monumens gravés sur cette planche sont tirés du Cimetière d'Auteuil. Celui de la famille Ternaux, élevé sur les dessins de M. Haudebourt, a un caractère original, et produit de l'effet. Il est en pierre comme celui de Legrand, architecte. Celui de madame Eyrard est en marbre.

PLANCHE 61.

Cette troisième vue perspective du Cimetière de l'Est offre d'abord à nos regards le tombeau de Brongniart, architecte, sur les dessins duquel a été commencé le palais de la Bourse. Au côté opposé est la tombe de Léon Dufourny, architecte; c'est à la place qu'elle occupe ici que devait être érigé le monument composé par M. Vaudoyer père, dont nous avons donné la gravure planche 57. Au centre de cette vue est une grande enceinte, fermée d'une grille, dans laquelle sont réunis plusieurs tombeaux. Celui de J. Delille, exécuté sur les dessins de M. Philippon, architecte, a, intérieurement, dix pieds de long sur dix de large et six de haut. Il est dallé en pierre; une porte, sur l'élévation qui fait face à l'Orient, en ferme l'entrée. Ceux du marquis de Boufflers et de F. E. Dejean, Demauxille, comtesse de Sabran, puis marquise de Boufflers, placés non loin l'un de l'autre, ont entre eux une grande ressemblance de forme. Nous avons publié le premier sur notre planche 23. Au côté opposé, près du tombeau de J. Delille, est un souvenir élevé à Dureau de Lamalle, enterré ailleurs. L'intimité qui unit ces deux hommes pendant leur vie a motivé le rapprochement de leurs monumens.

PLANCHE 62.

Ce monument, en marbre blanc, élevé à la mémoire de l'impératrice Joséphine, dans l'église de Ruel, passe pour être de feu Berthaut; mais il convient de dire que cet architecte fut astreint à suivre un dessin envoyé de Munich par le prince Eugène Beauharnais. La statue de l'impératrice, à genoux devant un prie-Dieu, est de feu Cartellier; les ornemens de M. Duvieux. MM. Dubuc et Gillet sont les entrepreneurs de la marbrerie. Dans la partie du soubassement où sont tracés ces mots : *A Joséphine, Eugène et Hortense*, 1825, sont déposés les restes mortels de cette princesse. Sur les côtés latéraux du socle qui supporte la statue, sont les lettres initiales J. B., placées au milieu de couronnes de laurier. Ce monument a coûté 110,000 francs.

PLANCHE 63.

De ces trois tombeaux, tirés du Cimetière de l'Est, celui de la maison La Trémoille est le plus original; M. Debret a fourni les dessins d'après lesquels M. Schwind l'a exécuté. Le fond de l'arcade est en marbre blanc veiné; les armes sont peintes sur lave de Volvic. Celui de M. Hellermann est en marbre blanc; l'autre est en pierre.

PLANCHE 64.

Cette sépulture de la famille de M. Monthaud, notaire à Paris, nous paraît une réminiscence, si ce n'est une imitation des pierres tumulaires qui bordent la galerie basse de la chapelle expiatoire élevée à Louis XVI et à Marie-Antoinette, sur les dessins de M. Fontaine, dans l'ancien Cimetière de la Madeleine. Elle se compose de six pierres semblables placées sur une même ligne, liées ensemble par un mur continu, et séparées les unes des autres, régulièrement, par un candélabre en marbre blanc. A mesure qu'une tombe aura été placée en avant de l'une de ces pierres tumulaires, cette pierre recevra une inscription à l'instar de celle que nous avons figurée, et la couronne, qui n'est que massée maintenant, sera sculptée alors. Entre chaque tombe on placera une caisse d'arbrisseaux pareille à celles dont nous rendons compte. Cette sépulture a été élevée sur les dessins de MM. Blanchon et Cécile, architectes, par M. Schwind, entrepreneur. La seconde sépulture est celle de la famille Grillon. Elle a été construite au Cimetière de l'Est, sur les dessins de M. Grillon, architecte.

PLANCHE 65.

Ce tombeau, en forme de chapelle, a été élevé à Pierre Vigier, dans le parc du château de Grandveaux, sur les dessins de M. Lecointe, architecte. La tombe de ce riche propriétaire des bains sur la Seine, est au centre du monument, dont les parois sont en marbre et en stuc.

PLANCHE 66.

Le premier de ces quatre tombeaux est celui de Picot, père du peintre de ce nom. On doit le considérer comme une copie soignée d'une production grecque. M. Destouche, architecte, en a fourni le dessin. Celui de Maurice, premier peintre des impératrices Elisabeth et Catherine II de Russie, est un témoignage d'amour filial. Il est en pierre, ainsi que celui de Fr. Gros, négociant, et de Picot. Tous trois sont au Cimetière de l'Est. Celui de mademoiselle Allouis, tiré du Cimetière du Sud, a été exécuté en marbre par M. Plantar.

CHAPELLE EXPIATOIRE

ÉLEVÉE A LOUIS XVI ET A MARIE-ANTOINETTE.

Après cette multitude de monumens funéraires qui composent nos premières planches, nous ne pouvions mieux compléter le tome Ier de notre recueil, qu'en publiant la chapelle expiatoire élevée à Louis XVI et à Marie-Antoinette, sur les dessins et sous la direction de M. Fontaine, architecte du roi.

Par les plans, coupes, élévations, détails de toute nature que nous en donnons, nous n'avons d'autre prétention que de faire connaître le matériel, si l'on peut dire, de la pensée de l'artiste; convaincus que nous sommes que des dessins, tels exacts, tels soignés qu'ils puissent être, sont insuffisans pour donner une idée parfaite de toutes les beautés qui constituent le poétique de ce monument. Il est des combinaisons de plans, de façades et de galeries; des effets de lumière et d'ombre; un choix d'accessoires, un art de les placer pour émouvoir l'ame et faire naître de grandes idées, qui ne peuvent être appréciés d'après des gravures, si l'on n'en a vu l'application sur la nature même.

Obligé de s'écarter des programmes suivis dans les siècles passés pour se conformer aux exigences du nôtre, et rappeler, avant tout, la circonstance particulière qui a fait ériger le monument, M. Fontaine a dû chercher de nouveaux motifs, les coordonner avec des localités qu'il fallait respecter, et qui, plus d'une fois sans doute, ont dû contrarier ses plans et nécessiter leur modification. Honneur lui soit rendu! Le résultat de ses méditations est une création, une œuvre de génie. La nouveauté du plan, le caractère sévère, majestueux, éminemment original des élévations, leur belle proportion; le choix heureux, l'accord parfait des détails avec l'ensemble; le goût qui a présidé à la composition et à la distribution des ornemens, tous emblématiques et aussi ingénieux que significatifs, ont placé la chapelle expiatoire au nombre des chefs-d'œuvre de l'architecture française. Dans tous les siècles on la considérera comme un modèle de convenance et de haut savoir; elle fera déplorer que son auteur, au lieu de dépenser son talent à terminer plusieurs monumens des siècles passés et notamment le Louvre, avec une abnégation de lui-même et un respect pour la pensée des premiers architectes qui rehaussent son propre mérite, n'ait eu que cette seule occasion de léguer à la France un monument digne de lui et d'elle.

La première pierre de ce monument a été posée le 21 janvier 1815, jour de la translation à Saint-Denis des dépouilles mortelles de Louis XVI et de Marie-Antoinette. La construction a duré cinq ans; elle a coûté deux millions qui ont été tirés de la cassette particulière de Louis XVIII. M. Lebas, architecte, comme inspecteur des travaux, mérite de voir son nom consigné parmi les artistes qui ont eu part à ce bel ouvrage.

PLANCHE 67.

Plan général.

Au milieu d'un terrain planté de cyprès, qui fut autrefois le Cimetière de la Madeleine, s'élève le monument. Il est isolé sur les côtés par des allées, en arrière, par la rue d'Anjou, en avant, par une place et une avenue qui débouche sur la rue de l'Arcade. Une façade lisse, ornée de trois avant-corps, dont celui du milieu donne entrée au monument, et ceux des extrémités le caractérisent, précède l'enceinte sacrée dans laquelle s'élève la chapelle royale. Après avoir monté quelques degrés, on pénètre dans un vestibule carré, auquel aboutissent à droite et à gauche, en retour d'équerre, deux galeries de tombeaux élevés à la mémoire des victimes de la révolution. Ces galeries se prolongent, l'une, jusqu'à la sacristie, l'autre, jusqu'au vestiaire, placés aux deux côtés de la chapelle haute et basse décrites plus loin. Revenant au vestibule d'entrée, en montant de nouveau plusieurs marches, on arrive au sol formé par les terres amoncelées au moment de la fouille de l'ancien Cimetière, pour trouver les restes des deux augustes victimes; sol religieusement respecté, et que deux carrés de gazon toujours vert indiquent à la vénération publique. A l'extrémité de ces deux tombes naturelles, séparées l'une de l'autre par un chemin ferré, est la chapelle expiatoire. On y monte par une dixaine de marches. Son entrée est par un péristyle de quatre colonnes d'ordre Dorique. Le plan a la forme d'une croix grecque, dont trois des croisillons se terminent en cul-de-four. Dans celui qui fait face à la porte est placé l'autel, et dans ceux de gauche et de droite les statues de Louis XVI et de Marie-Antoinette; le quatrième sert de porche; ce dernier est de forme quadrangulaire. Sur la face des piédestaux qui portent les groupes du Roi et de la Reine, sont des tables en marbre noir qui offrent, tracés en lettres d'or, ces deux testamens si dignes par leur sublimité de passer à la postérité la plus reculée. Derrière ces piédestaux sont des escaliers qui conduisent à la crypte souterraine, et desservent, à mi-chemin, le vestiaire et la sacristie, dont nous avons parlé.

La crypte souterraine est de petite dimension; sa disposition est analogue à celle de la chapelle supérieure. Dans les quatre piliers sont déposés les ossemens retirés du Cimetière pendant les fouilles. L'autel, dont la forme est celle d'un tombeau antique, occupe précisément le lieu où furent trouvés les corps des illustres martyrs à qui l'édifice est consacré.

PLANCHE 68.

Élévation sur la rue de l'Arcade.

La façade sur la petite place est d'une simplicité aussi grave que noble. Les deux pierres tumulaires qui la décorent aux deux extrémités, où elles forment des espèces d'avant-corps reliés à celui du milieu par deux murs lisses en retraite, lui donnent un aspect original et tellement caractéristique, qu'au premier aspect on comprend que l'édifice doit être une sépulture royale. Cette façade est peu élevée, afin de laisser briller au dessus la chapelle expiatoire, qui est l'objet principal, de tout l'éclat que peut procurer l'art allié à la richesse et à la magnificence. Au dessus de la porte on lit cette inscription: *Le roi Louis XVIII a élevé ce monument pour consacrer le lieu où les dépouilles mortelles du roi Louis XVI et de la reine Marie-Antoinette, transférées le 21 janvier M. D. CCC. XV dans la chapelle royale de Saint-Denis, ont reposé XXI ans; il a été achevé la deuxième année du règne de Charles X, l'an de grâce M. D. CCC. XXVI.*

Élévation de la chapelle expiatoire.

Un péristyle de quatre colonnes d'ordre Dorique, dont le fronton est surmonté d'une croix en pierre, et les extrémités terminées par des oreillons, précède l'entrée du temple. Au milieu du tympan sont représentés deux anges à genoux, dans l'action d'adorer le monogramme du Christ qui est entouré par une couronne de fleurs; au dessous sont sculptés les insignes de la royauté. Ce péristyle, remarquable par la pureté et la sévérité de ses formes, acquiert d'autant plus de valeur que les deux rotondes sur lesquelles il saille sont entièrement lisses.

PLANCHE 69.

Élévation latérale.

Cette élévation latérale de l'enceinte extérieure de la chapelle, présente une ligne de neuf arcades appuyée à ses extrémités de deux massifs d'une dimension à peu près semblable. L'un, sans ornement, fait angle avec la façade principale; l'autre, décorée de deux espèces de tombes qui rappellent celles figurées sur cette même façade, se lie au mur qui tourne autour du chevet de la chapelle. Au travers de cette ligne d'arcades à frontons triangulaires, et fermées chacune par une grille à hauteur d'appui, on aperçoit cette autre rangée d'arcades à plein cintre, à jour seulement par le haut, qui borde le côté opposé de la galerie, dite des tombeaux; ainsi nommée de ce qu'entre chacun de ses piliers est figurée une pierre tumulaire ornée tantôt d'une couronne de chêne, tantôt de feuilles et de têtes de pavots, tantôt de branches de cyprès, pour indiquer que les victimes dont elles doivent perpétuer le souvenir appartiennent à toutes les classes de la société. Derrière le mur qui lie ces arcades, est la terre sacrée. Le jour mystérieux qui pénètre dans ces galeries ajoute à la mélancolie que le spectateur éprouve à la vue de cette continuité de tombes semblables, rappelant toutes une même époque, et une époque où chaque famille a perdu par la même cause quelqu'un des siens. Ici, comme dans toutes les autres parties du monument, on admire et la pensée et la manière dont elle est rendue. Il n'est pas un accessoire, si peu important qu'il soit, qui ne tende au complément de l'expression de cette pensée; tels sont, entre autres, ces flambeaux placés extérieurement, entre chaque arcade, pour masquer les conduits qui servent à l'écoulement des eaux pluviales, afin que rien de trivial ne vienne choquer la vue, et détruire l'impression noble que ce monument est destiné à produire.

PLANCHE 70.

Coupe sur la longueur.

Par cette coupe on peut se rendre compte des inégalités du terrain et de l'heureux parti que M. Fontaine en a su tirer pour produire cet effet neuf, pittoresque, théâtral peut-être, mais grandiose, mais majestueux, que présente sa composition. Une partie de cet effet extraordinaire, il le doit à un jeu de lumière et d'ombre artistement combiné; à l'obscurité dans laquelle il a tenu son vestibule, où la lumière ne pénètre que par les portes; à ce clair-obscur répandu dans ses galeries de tombeaux, dont l'effet austère produit sur le spectateur un sentiment irrésistible de tristesse, de piété, de compassion. Vu de la place, au travers du vestibule, le péristyle du temple brille d'un éclat véritablement magique, surtout lorsque le soleil l'éclaire de ses rayons mobiles, et lui fait projeter ses ombres sur les parties lisses et circulaires des rotondes sur lesquelles il se dessine.

Quant à l'intérieur de la chapelle haute, il est d'une richesse, d'une magnificence vraiment royale. La sculpture d'ornement et de figure, les marbres, les bronzes dorés y rivalisent avec les belles formes architecturales pour en faire une espèce de sanctuaire des arts. Des caissons répartis dans la voûte de la coupole, comme dans celle des trois grandes niches, qu'un jour doux éclaire par le haut; des rosaces, des vases, des fleurs de lys ornées distribuées dans les métopes de la frise; un autel en marbre orné de bronze doré, des crédences aux deux côtés de l'autel, également en marbre avec ornemens en bronze doré, des bénitiers semblables, placés sous le porche, des candélabres en bronze répartis dans des niches creusées sur les parois de l'édifice pour servir aux cérémonies du soir, sont autant d'objets qui témoignent du talent de M. Plantar, sculpteur, de M. Delafontaine, ciseleur, et, avant tout, de M. Fontaine, sur les dessins duquel ces productions de l'art ont été exécutées. Il en est de même des bas-reliefs qui décorent les quatre pendentifs de la coupole et de celui placé au dessus du porche intérieur, qui tous ajoutent un nouveau titre à la réputation dont jouit déjà M. Gérard. Quant aux deux groupes du Roi et de la Reine dont notre gravure rend compte quoiqu'ils ne soient point encore exposés, le moment n'est peut-être pas éloigné où le public pourra les juger. En attendant, nous pouvons assurer qu'ils répondront à ce qu'on est en droit d'attendre d'hommes aussi habiles que MM. Bosio et Cortot, à qui l'exécution en est confiée.

PLANCHE 71.

Détails.

Nous donnons sur cette planche un détail de l'ordre intérieur et de l'ordre extérieur de la chapelle. Un autre détail de l'élévation géométrale de la façade d'enceinte; l'un des quatre dessus de porte intérieurs du vestibule, ainsi que deux des quatre bas-reliefs pendentifs: ceux qui se rapportent aux stances suivantes: *Ecce Agnus Dei; — O salutaris Hostia.*

PLANCHE 72.

Détails.

Sur cette dernière planche nous avons gravé les deux autres pendentifs de M. Gérard: *Hi tres unum sunt: — Si vis ad vitam ingredi, serva mandata*, et le bas-relief placé au dessus du porche intérieur de la chapelle, où il a représenté la translation à Saint-Denis des restes de Louis XVI et de Marie-Antoinette; enfin le groupe, par M. Bosio, de Louis XVI appelé à l'immortalité, et celui, par M. Cortot, de Marie-Antoinette soutenue par la Religion.

Il est encore d'autres détails intéressans que nous aurions voulu donner, tels que les grilles en bronze doré du vestibule, la porte pleine, également en bronze doré, de la chapelle royale, l'autel, en marbre richement orné de sculptures, aussi en bronze doré, parce que tout, dans cette composition, mérite d'être étudié; mais la place nous a manqué. Nous donnons cependant l'une des crédences et l'un des candélabres qui sont des modèles précieux en leur genre.

FRONTISPICE

Pl. 1re

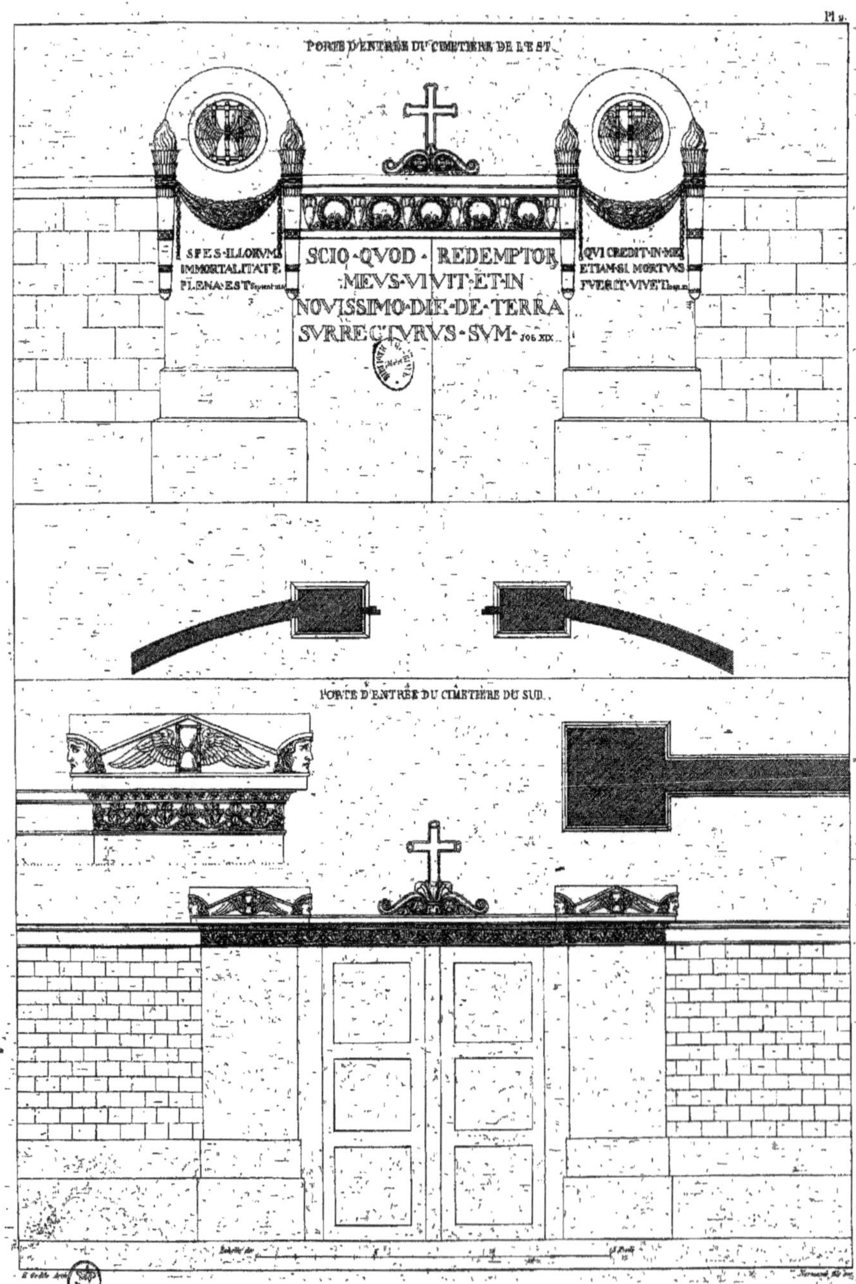
PORTE D'ENTRÉE DU CIMETIÈRE DE L'EST.
SPES ILLORUM IMMORTALITATE PLENA EST
SCIO QUOD REDEMPTOR MEUS VIVIT ET IN NOVISSIMO DIE DE TERRA SURRECTURUS SUM. JOB XIX
QUI CREDIT IN ME ETIAM SI MORTUUS FUERIT VIVET
PORTE D'ENTRÉE DU CIMETIÈRE DU SUD.

Pl 3.

ITALIE
ALLEMAGNE
POLOGNE
ESPAGNE
MARECHAL SUCHET
DUC D'ALBUFERA

DÉTAILS DU TOMBEAU DU MARÉ.L SUCHET.

Pl. 4.

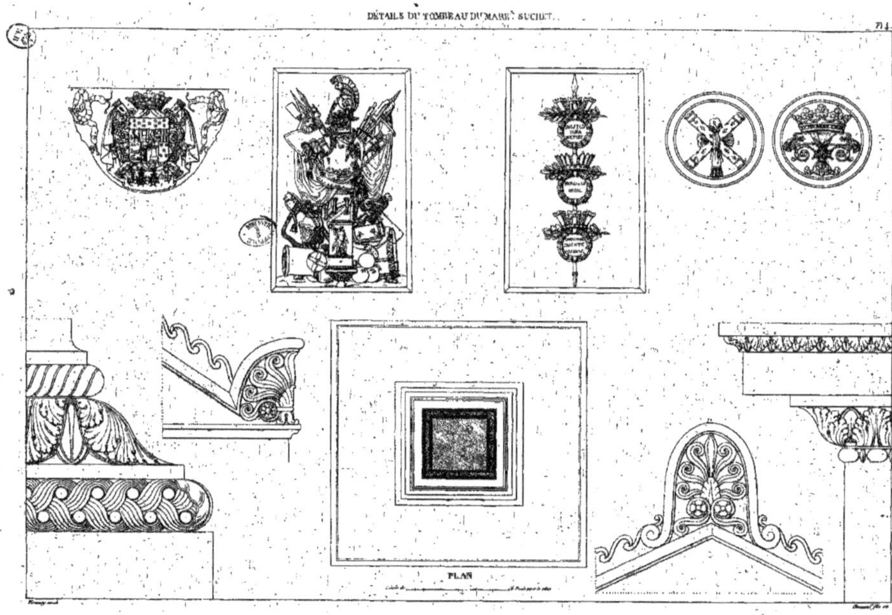

Pl. 8.
CY GIT
NICOLAS JACQUES CONTÉ
NÉ A Sᵗ CÉNERY
DEPARTᵗ DE L'ORNE LE 5 AOUT 1755
DÉCÉDÉ À PARIS LE 15 FRIMAIRE AN 14
(6 Xᵇʳᵉ 1805)
A ALPHONCE
H S E
PRÆ HONOR FILIS DOMINA
MARTHA KEAFINGE
DECESSIT ANNO SACRO MDCCCXXVI
HR

Pl. 6.

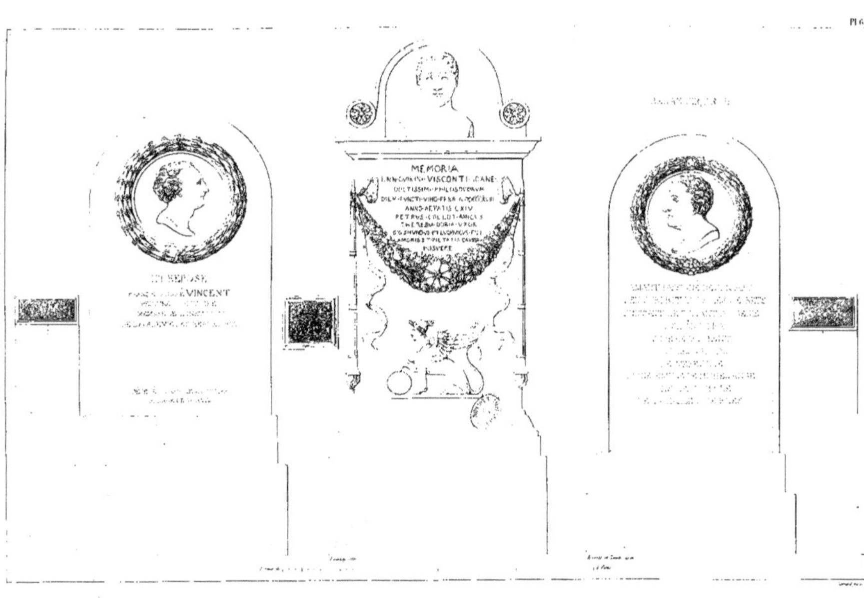

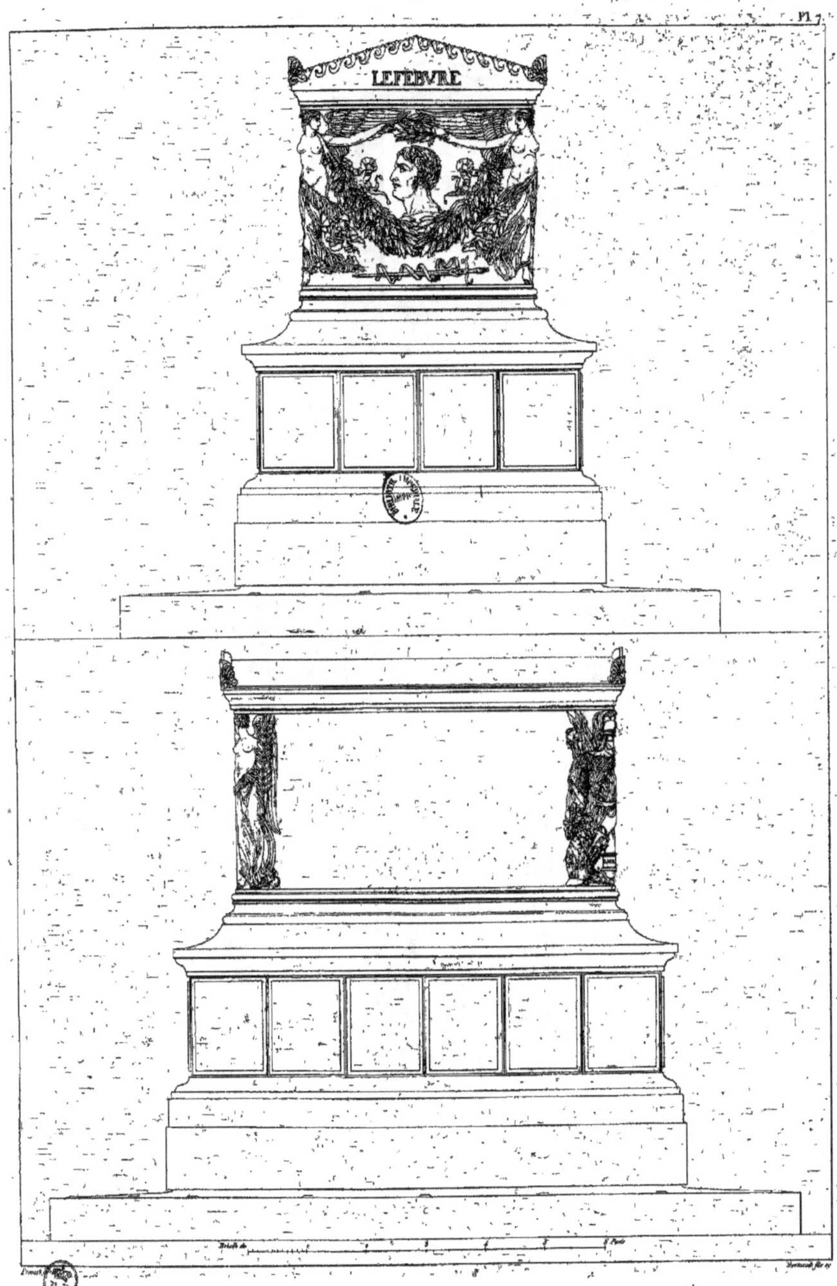
LEFEBVRE

PLAN-COUPE ET DÉTAILS DU TOMBEAU DU MAR^L. LEFEBVRE

TOMBEAU DE COURTEPÉE ARCHITECTE.

ÉLÉVATION GÉOMÉTRALE
ÉLÉVATION DU CÔTÉ DE L'ENTRÉE
COUPE
SÉPULTURE DE LA FAMILLE BANCE
PLAN
FAMILLE TOULOUSE
VERTU
TRAVAIL
CONSTANCE
PROBITÉ

RAUCOURT
GRETRY
DUGAZON
CAVEAUX

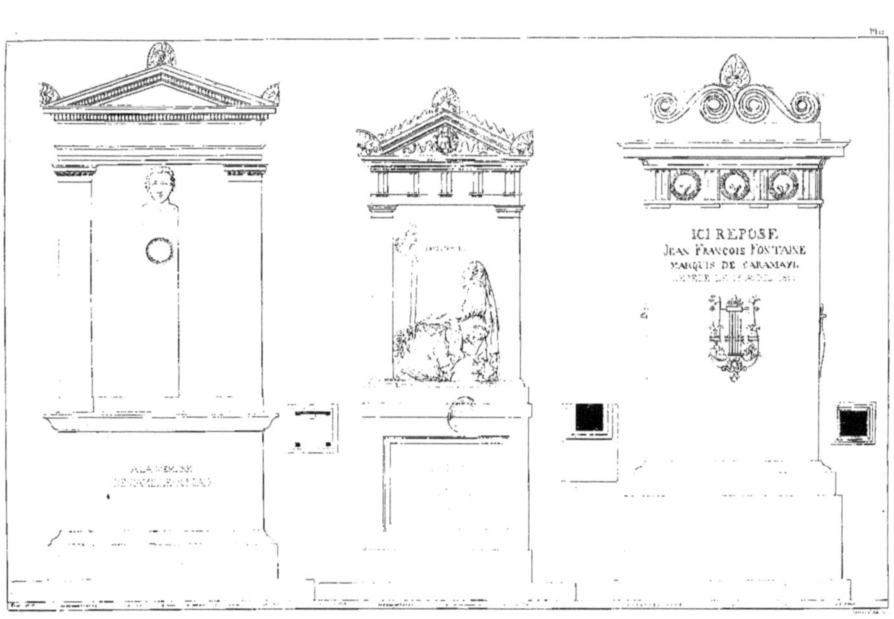
ICI REPOSE
JEAN FRANÇOIS FONTAINE
MARQUIS DE CARAMAYL

CHAPELLE ÉLEVÉE AU CIMETIÈRE DE L'EST
sur l'emplacement de la maison dite du Père la Chaise

Pl. 5.

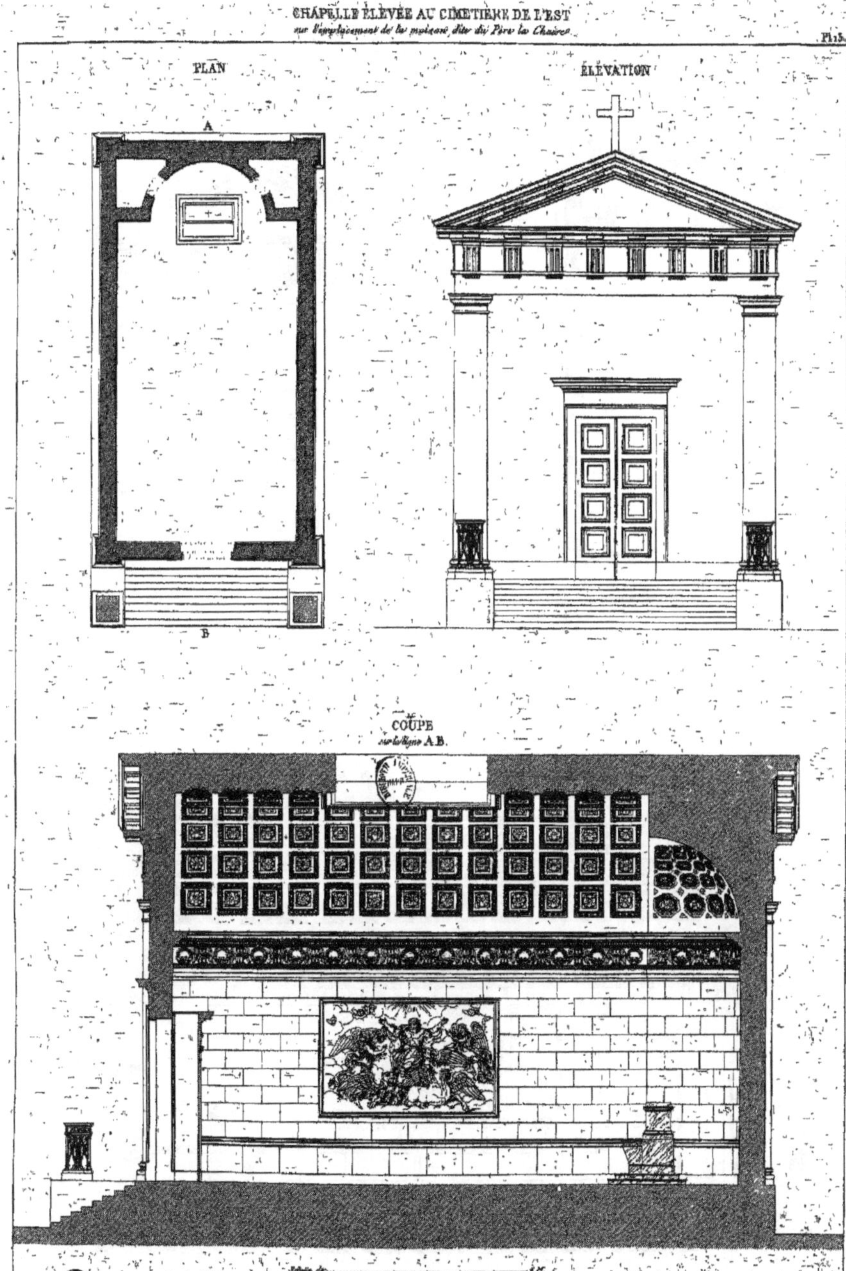

CHAPELLE ÉLEVÉE AU CIMETIÈRE DE L'EST

sur l'emplacement de la maison dite du Père la Chaise

Pl. 13.

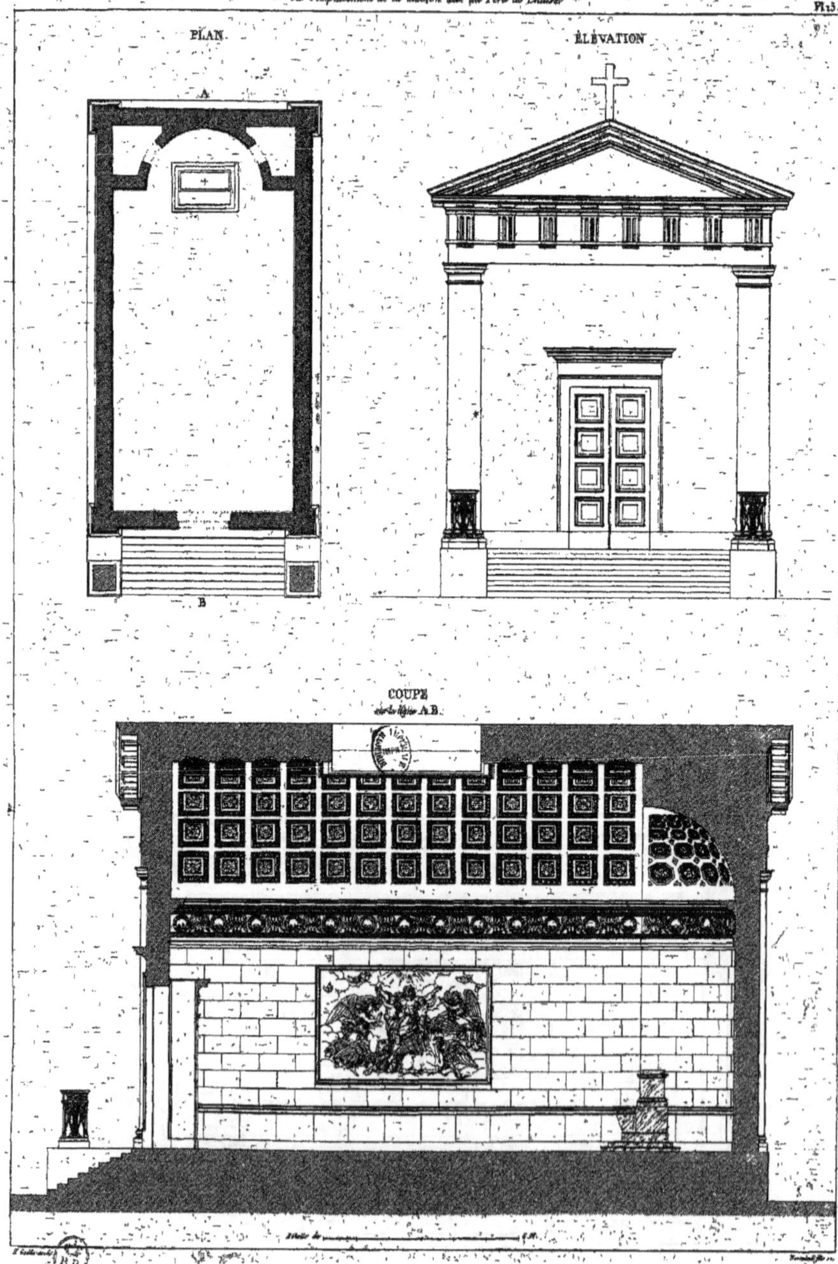

Pl. 14

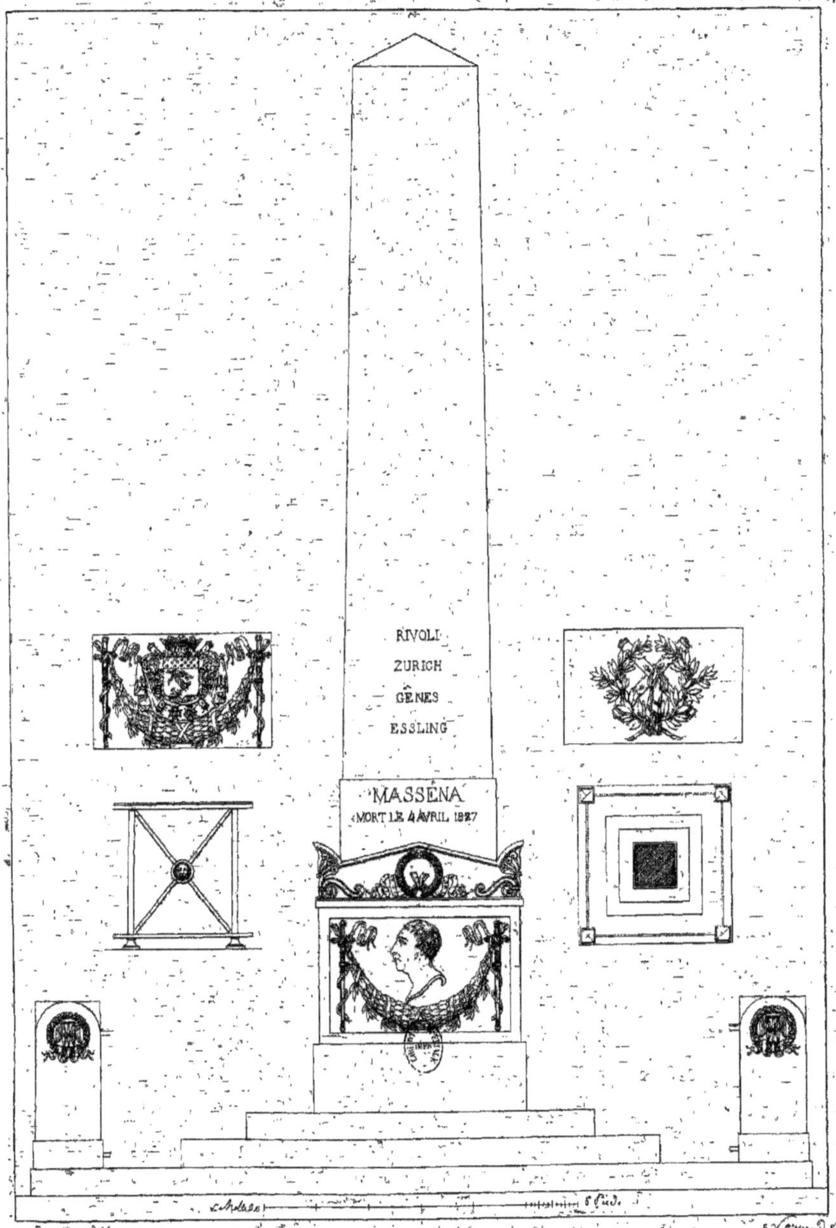

RIVOLI

ZURICH

GÊNES

ESSLING

MASSÉNA

MORT LE 4 AVRIL 1817

Méry Vincent arch.

Normand fils

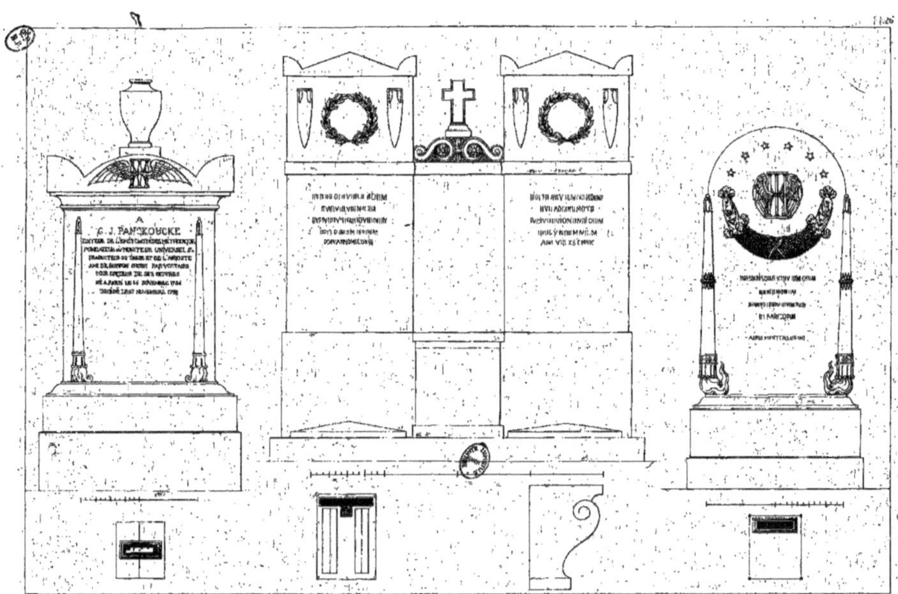
A
C. J. PANCKOUCKE

Pl 17

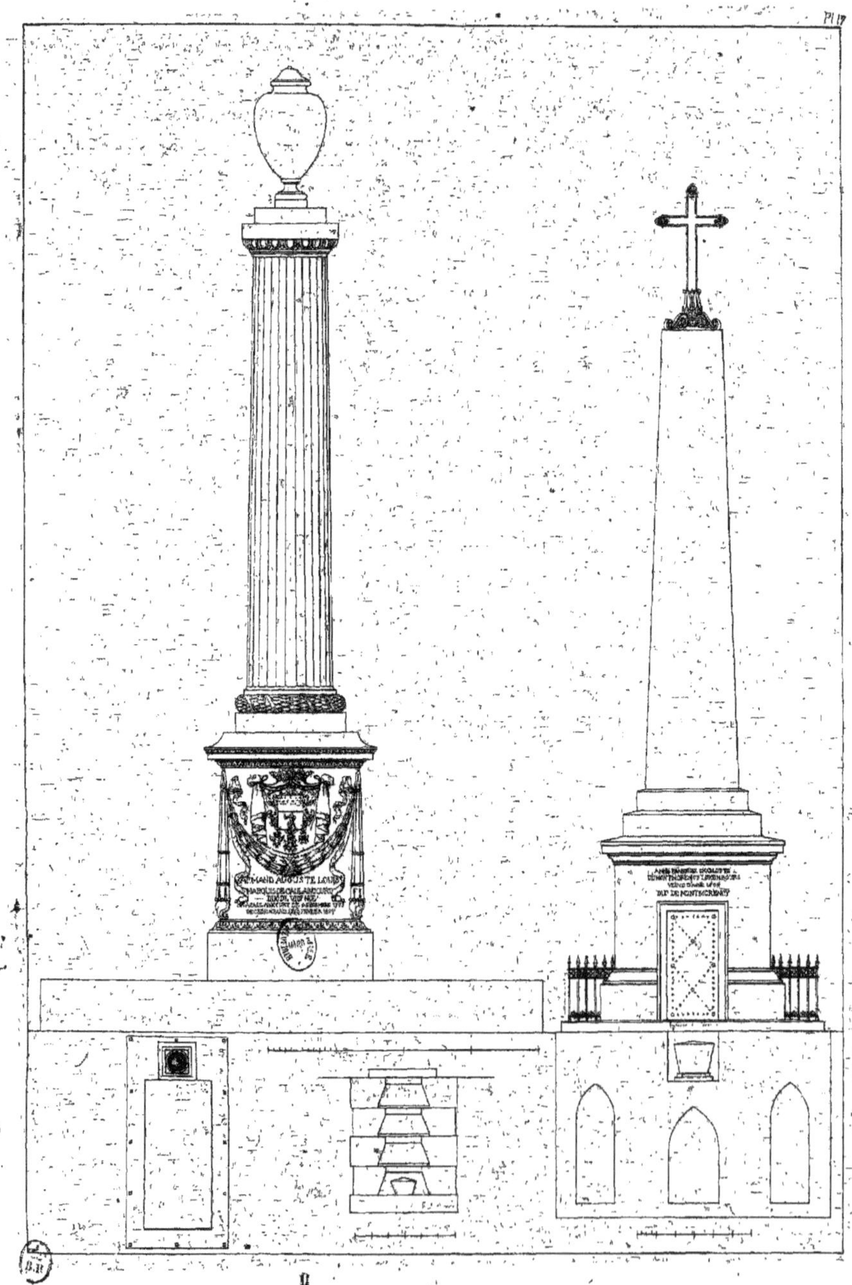

CHARLES DUPATY
A LA MÉMOIRE
DE CHARLES DUPATY
STATUAIRE MEMBRE DE L'INSTITUT
PROFESSEUR A L'ECOLE ROYALE
DES BEAUX ARTS,
OFFICIER DE LA LÉGION D'HONNEUR,
NÉ A BORDEAUX LE XXIX
SEPTEMBRE MDCCLXXI
MORT A PARIS LE XII
NOVEMBRE M.D.CCCXXV.
LE GRAND-CONSEIL
D'AMINISTRATION
DE L'HÔTEL,
DE L'ASSENTIMENT DE
SON EXC. LE MINISTRE
DE LA GUERRE
A VOTÉ CE MONUMENT
A LA MEMOIRE DE S. EXC.
MONSIEUR LE MARECHAL
DUC DE COIGNY,
GOUVERNEUR
DU DIT HÔTEL,
Y DECÉDÉ LE XIX MAI
MD.CCC.XXI.

Ire VUE DU CIMETIÈRE DE L'EST
prise près du tombeau de G. Monge.

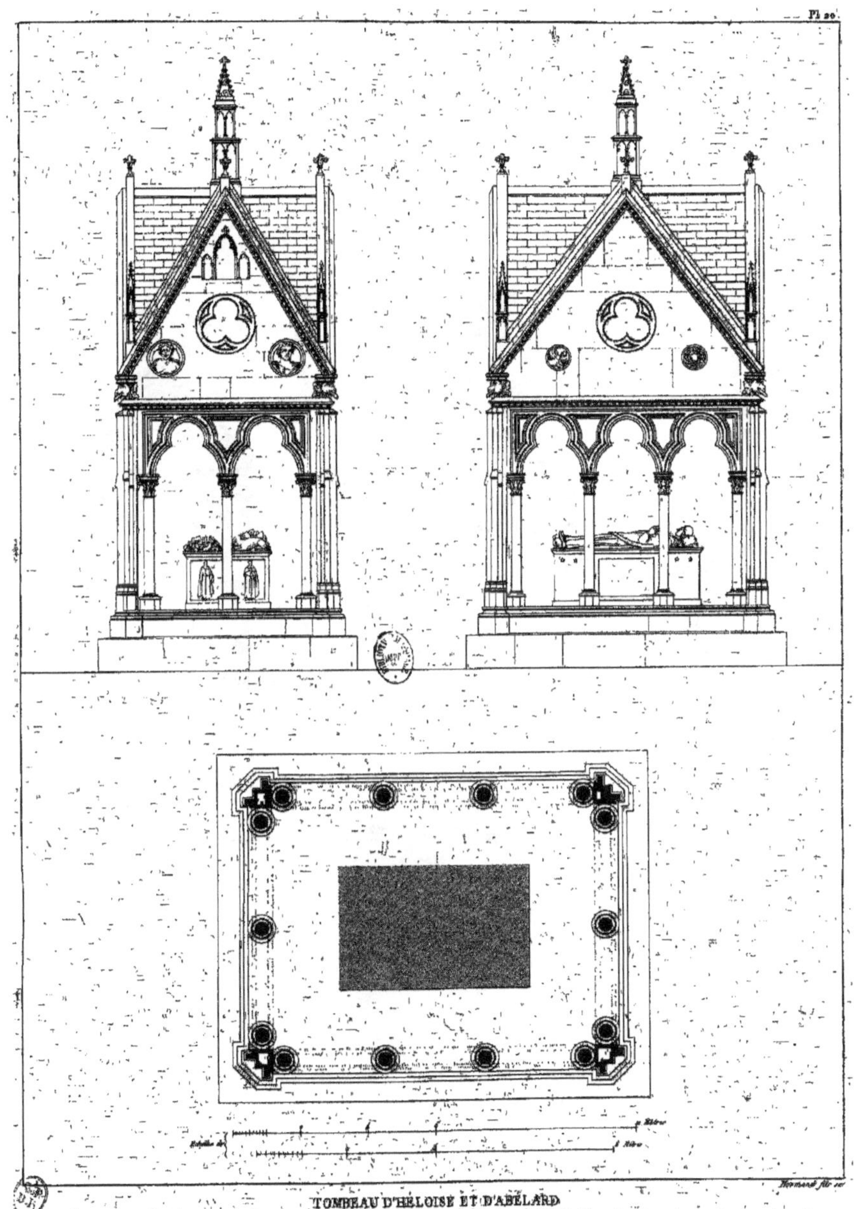

Normand fils sc.

TOMBEAU D'HÉLOISE ET D'ABÉLARD

transporté du Musée des Petits Augustins au Cimetière de L'EST en 1817.

Pl. 21.
CÔTÉ LATÉRAL.
PLAN
CAMBACERES
COUPE
A
B

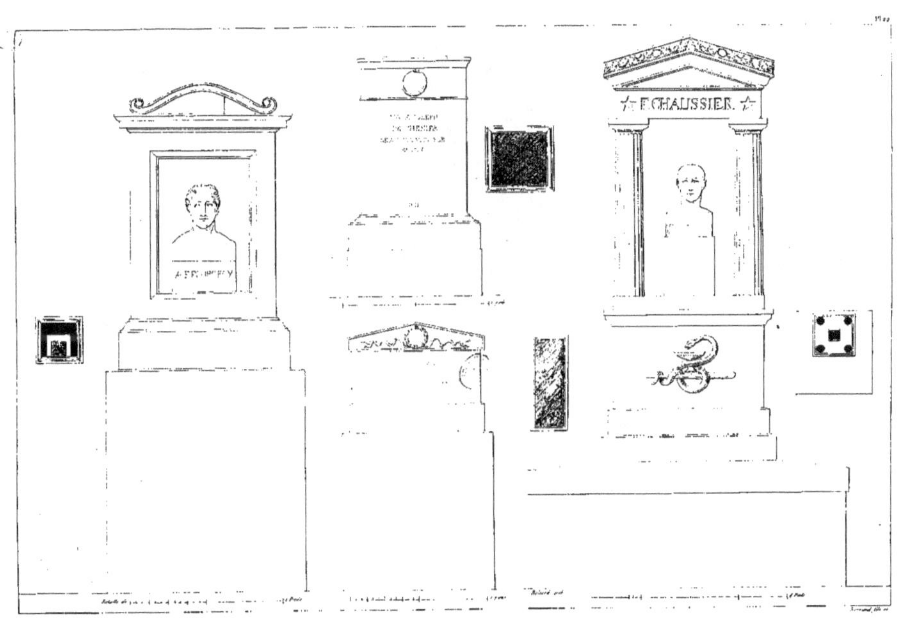
F. CHAUSSIER.

ICI REPOSE
ALEXANDRINE E. CHARLOTTE CARTELLIER
EPOUSE DE F. L. HEIM
NÉE LE 30 MAI 1800
DÉCÉDÉE LE 27 DÉCEMBRE 1823
SON EPOUX LUI A ÉRIGÉ CE MONUMENT
PÉRIGNON
M. le 25 Décembre 1818
MARCOZ VICOMTESSE
DE
SENONNES

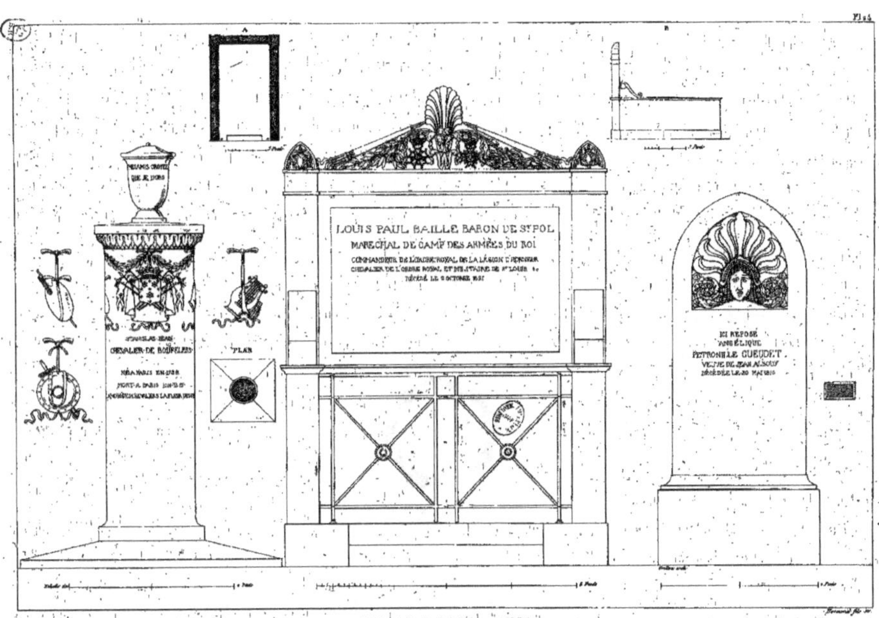

A.B. Plan et élévation latérale du monut St Pol.

H. Godde archi. Normand fils sc.

Pl. 38.

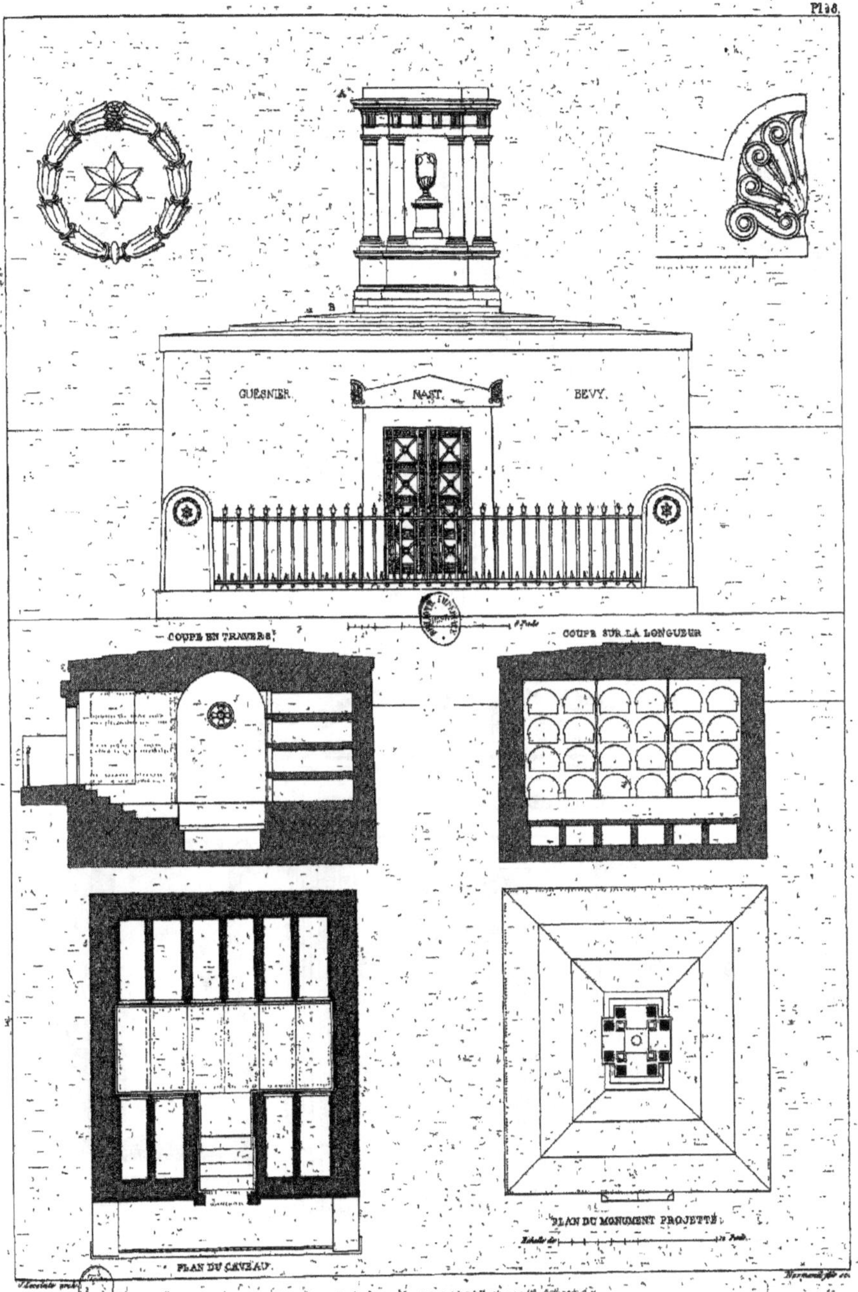

Normand fils sc.

Nota. La partie supérieure de ce monument A.B. n'a pas été exécutée.

Pl. 29
COUPE DU CAVEAU
sur la ligne A B
SEPULTURE DE LA FAMILLE
CARETTE
SEPULTURE DE LA FAMILLE BOSCARY.
Coupe sur la ligne A B

Pl 30.

LUCY ADRIEN JEAN ALEXANDRE
CHEVALIER DE LA LÉGION D'HONNEUR
CONSEILLER EN LA COUR ROYALE
DE PARIS,
MORT LE 10 FEVRIER 1824
CI-GIT
M.lle BONDINI FEMME BARILLI
CANTATRICE DE L'OPERA ITALIEN DE PARIS
NÉE LE 18
MORTE A PARIS LE
ICI
A ÉTÉ DEPOSÉ LE CŒUR
DE A. J. F. JENIN DE MONTÈGRE
DOCTEUR EN MÉDECINE
DE L'AIN
ICI REPOSE
ANGÉLIQUE MARIE ADÉLAIDE
HUREL
VEUVE DE
MARIE SIMON NICOLAS
HURTRELLE
J. J. CASTEX
STATUAIRE MEMBRE DE 1.re CLASSE
DE LA COMMISSION D'EGYPTE
Chatillon arch.

ÉLÉVATION POSTÉRIEURE

Renvoi

A. Mausolée. C. Ancienne Eglise.

B. Chapelle Monum.le D. Bas-reliefs.

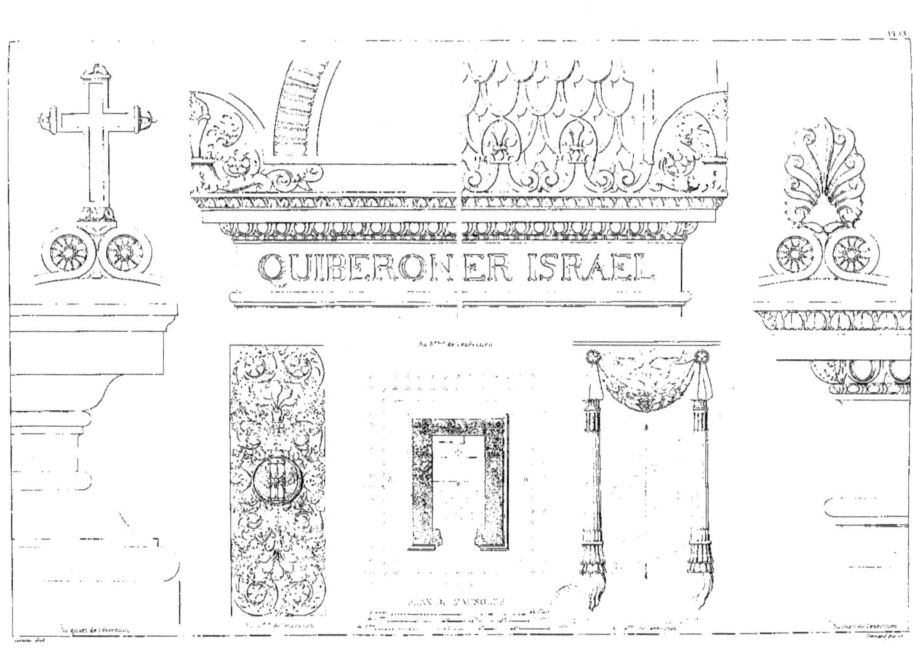
Pl. 13.
QUIBERON ER ISRAEL

A LA MÉMOIRE
DE NAVAILLES
COMTESSE
A
LA MÉMOIRE
DESENNE
ET
ICI REPOSE

Pl. 36

DE PIERRE GUILLON
ICI REPOSE
PAULINE DE LAPLACE
ÉPOUSE DE JEAN LOUIS DE LA HAYE
NÉE LE 14 DECEMBRE 1794

S.T CHARLES
PLAN DU CAVEAU
COUPE DU CAVEAU
B.
A. Plan du Cénotaphe
B Chapelle S.t Charles

ICI REPOSE UN JEUNE ENFANT
MOISSONNÉ PAR LA FAUX DU TEMS
A PEINE ENTRÉ DANS LA CARRIÈRE

Echelle de ... Pieds

ICI REPOSE
JACQUES ANTOINE
BERTHAULT

ICI REPOSE
LE LIEUTENANT GÉNÉRAL
ÉTIENNE FRANÇOIS DUMAS,
CHEF D'ETAT MAJOR DE KLEBER EN EGYPTE
ET SON PLUS INTIME AMI.
NÉ A PARIS LE 22 JUIN 1764
DÉCÉDÉ A PARIS LE 21 DÉCEMBRE 1826

Echelle de ... Pieds

Normand fils sc.

Pl. 39.
ICI REPOSENT LES CENDRES D'ELISABETH DE DEMIDOFF NÉE BARONNE DE STROGONOFF
DÉCÉDÉE LE VIII AVRIL MDCCCXVIII ÉPOUSE DE S.N.A. DEMIDOFF
CONSEILLER PRIVÉ ET CHAMBELLAN ACTUEL DE S.M. L'EMPEREUR DE RUSSIE COMMANDEUR DE L'ORDRE DE S.T JEAN DE JERUSALEM
PLAN DU CAVEAU
A
B
C
D
COUPE
sur la ligne C D
COUPE
sur la ligne A B

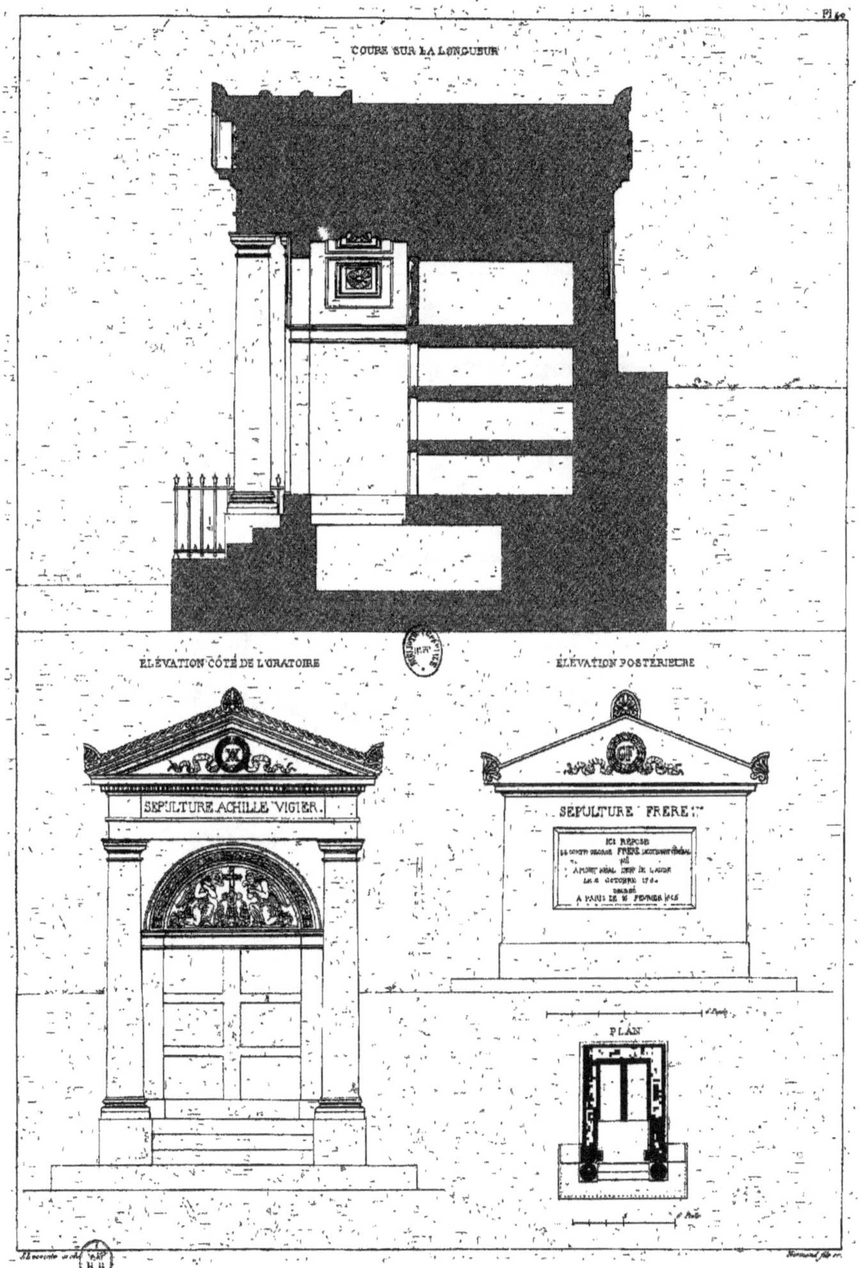

COUPE SUR LA LONGUEUR

ÉLÉVATION CÔTÉ DE L'ORATOIRE

ÉLÉVATION POSTÉRIEURE

PLAN

J. Lecointe archt.

Normand fils sc.

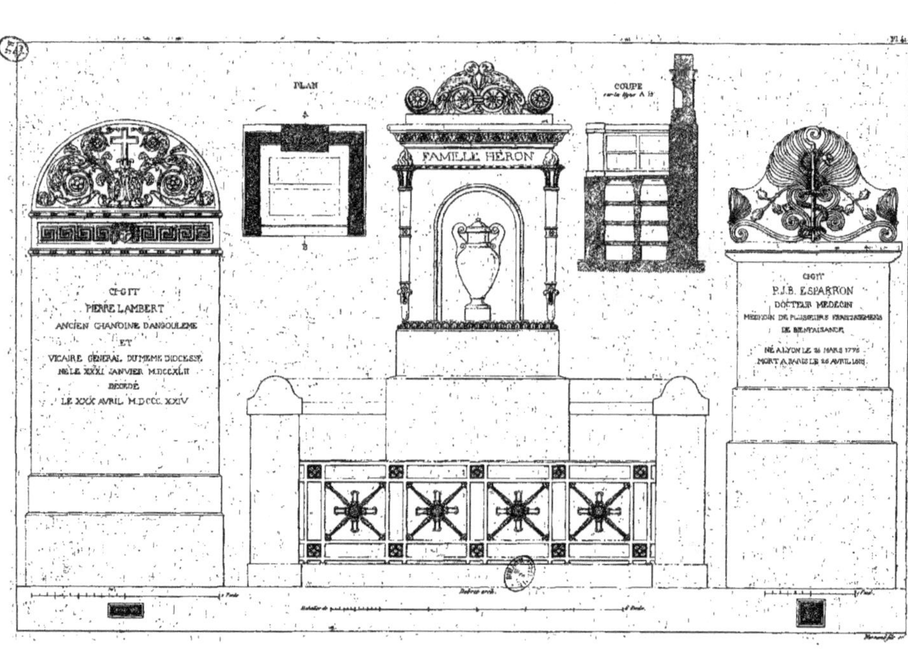
PLAN
FAMILLE HÉRON
COUPE
CI-GIT
PIERRE LAMBERT
ANCIEN CHANOINE D'ANGOULEME
ET
VICAIRE GENERAL DU MEME DIOCESE
NÉ LE XXXI JANVIER M.DCCXLII
DÉCÉDÉ
LE XXX AVRIL M.DCCC.XXIV
CI-GIT
P.J.B. ESPARRON
DOCTEUR MEDECIN

L. M. DE LABRIERRE
CY GIT
CLAIRE HVRTAULT
DÉCÉDÉE A PARIS
MDCCCXII
ICI REPOSE
ADELINE MARGUERITE
SURINTENDANT
DE LA MUSIQUE DU ROI
SÉPULTURE
DE LA FAMILLE S^T JORES
9
MAI
1820
A
LÉON LEBAS
J P
BARON JAQUET

Pl. 43.

Bessiler del. Normand fils sc.

II.ème VUE DU CIMETIÈRE DE L'EST

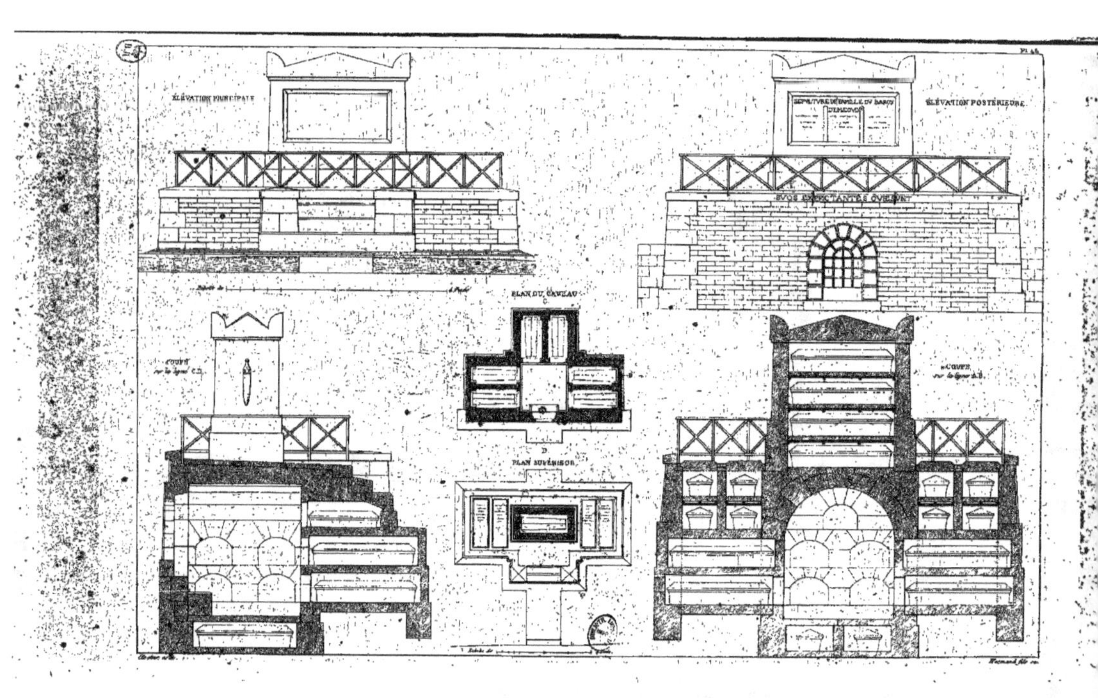

ÉLÉVATION PRINCIPALE
ÉLÉVATION POSTÉRIEURE
PLAN DU CAVEAU
PLAN SUPÉRIEUR
COUPE
COUPE

A DESAIX MORT A LA BATAILLE DE MARENGO.
PLAN DU TOMBEAU DE ROUSSEAU
PLAN DU TOMBEAU DE DESAIX
TOMBEAU DE J.J. ROUSSEAU

A LA MÉMOIRE
DE CHARLES EMMANUEL
STURLER
NÉ A BERNE LE 20 JUILLET 1760
DÉCÉDÉ A PARIS LE 18 X.bre 1822.

SACRED
TO THE MEMORY
OF
GEORGE MACQUAYLER
OF DUBLIN
DIED AT PARIS
FEBRUARY 23TH 1826
AGED 60 YEARS

A
F.s P.re ROMAIN DE DIESBACH
PETIT FILS DU GÉNÉRAL DE CE NOM
NÉ A FRIBOURG EN SUISSE EN 1804.
MORT A PARIS LE 15 FÉVRIER 1823.

Échelle de | 2 Pieds.

Échelle de | 2 Pieds.

PROFIL

LOUIS FRANÇOIS CORDIER NÉGOCIANT
RÉGENT DE LA BANQUE DE FRANCE
MEMBRE DE LA CHAMBRE DU COMMERCE
JUGE AU TRIBUNAL DU COMMERCE
DÉCÉDÉ LE 1 JUILLET 1817

TRIA REGNA

CAROLO A LINNE
DIIS QVE OMNIBVS
NATVRÆ
CONSERVATORIBVS

Échelle de | 2 Pieds.

Échelle de | 2 Pieds.

Pl. 48.

HUCHET, Cte DE
LA BEDOYERE
MON AMOUR POUR MON FILS...
A PU SEUL
ME RETENIR A LA VIE!
L.M.J. GOSSUIN
NÉ A AVESNES
MORT A VICHY
TIBURCE PIERRE MORISOT
DÉCÉDÉ A TURIN LE 9 OCTOBRE
1827.
JEAN ARN^D RAYMOND ARCHIT^E
MEMBRE
DE L'INSTITUT
IMPÉRIAL DE FRANCE.
DÉCÉDÉ A PARIS LE 28 JANVIER
1811

TOMBEAU DE VOLTAIRE
POETE HISTORIEN
PHILOSOPHE IL
AGRANDIT L'ESPRIT
HUMAIN ET LUI
APPRIT QU'IL
DEVOIT ÊTRE LIBRE
AUX MANES
DE VOLTAIRE
L'ASSEMBLÉE
NATIONALE
A DECRETÉ LE 30 MAY
1791 QU'IL AVOIT MÉRITÉ
LES HONNEURS DUS AUX
GRANDS HOMMES

TOMBEAU DE J J ROUSSEAU

au Panthéon

Pl 50

PLAN ET COUPES D'UN DES CAVEAUX DU PANTHÉON FRANÇAIS.
Pl 5.
A LA MÉMOIRE DU MARÉCHAL DUC DE MONTEBELLO
NÉ LE 11 AVRIL M.DCCLXIX A LECTOURE DÉPT DU GERS
MORT GLORIEUSEMENT AUX CHAMPS D'ESSLING
LE XXII MAI MDCCCIX.
ICI EST LE CORPS DE MESSIRE J. G. SOUFFLOT CHR DE L'ORDRE DU ROI,
ARCHITECTE DE SA MAJ. ET DE LA NOUVELLE ÉGLISE DE STE GENEVIÈVE,
INTENDANT GL DES BAT. DU ROI, HONOR. ASSOCIÉ LIBRE DE L'ACAD. ROYALE
DE PEINTURE ET DE SCULPTURE, CONTROLEUR GL DES B. DE LA VILLE DE LYON,
MEMBRE DE SON ACAD. DE CELLES DE ROME DE MARSEILLE, ETC.
EXHUMÉ ET TRANSPORTÉ DES CAVEAUX DE SÉPULTURES DES
GÉNOVÉFAINS DANS LA NOUVELLE ÉGLISE DE SAINTE GENEVIÈVE
LE XIX FEVRIER M.DCCCXXIX.

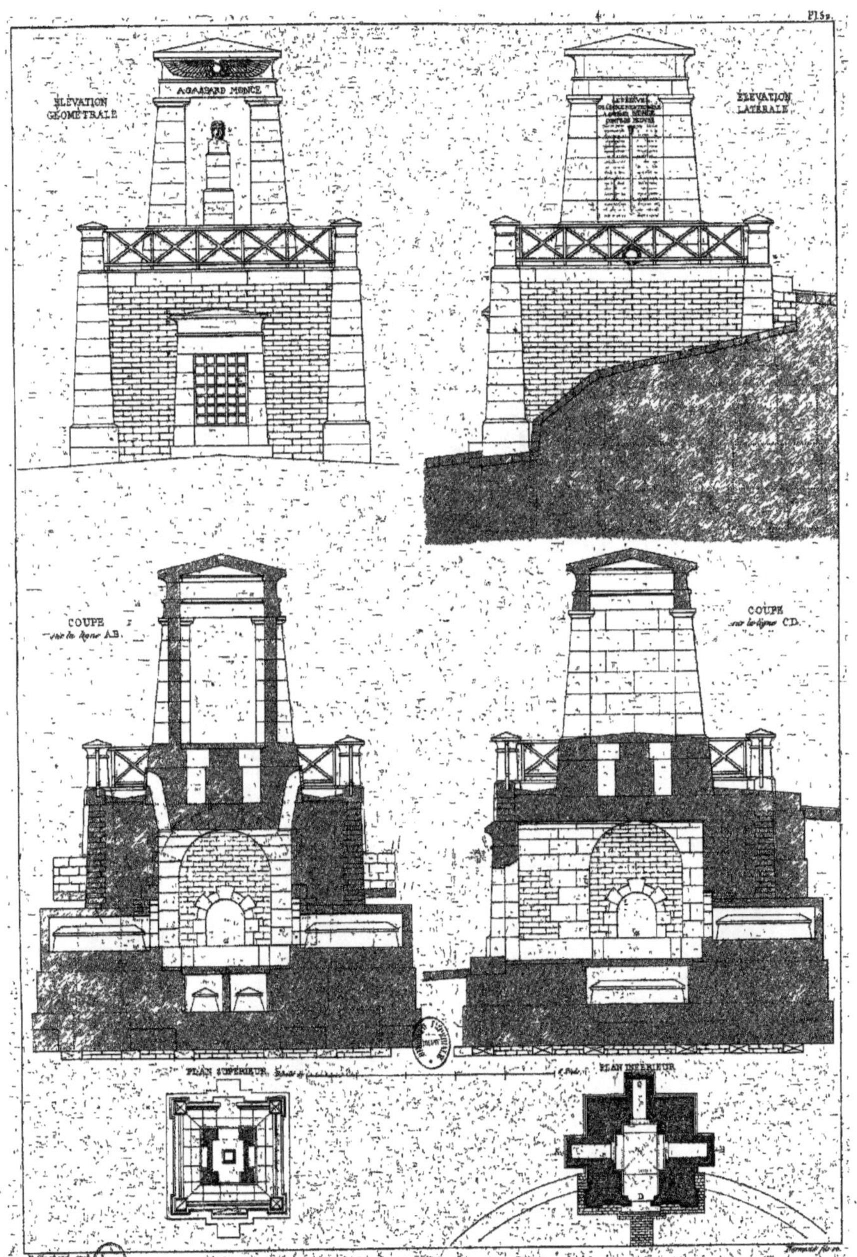
ÉLÉVATION
GÉOMÉTRALE
A GASPARD MONGE
ÉLÉVATION
LATÉRALE
COUPE
sur la ligne A.B.
COUPE
sur la ligne C.D.
PLAN SUPÉRIEUR
PLAN INFÉRIEUR

A LA MEMOIRE
DE
GUILLAUME GERVAIS
MARQUIS DE VERNON
CY GIT
MAXIMILIEN JOSEPH HURTAULT
ARCHITECTE DU ROI
MEMBRE DE L'INSTITUT ROYAL DE FRANCE
CY GIT

ICI REPOSE
ANTOINE EUSTACHE COLIN
NÉ A PARIS LE XXII MARS M.DCCLXXXIII, DÉCÉDÉ A PARIS LE XII JANVIER M.DCCCXXIX
A HIPOLYTE
VICTOR COLLET DESCOSTILS
INGÉNIEUR EN CHEF
ET PROFESSEUR DE CHIMIE
AU CORPS ROYAL DES MINES
MEMBRE DE L'INSTITUT
D'EGYPTE
AUTEUR DE LA DÉCOUVERTE
DE L'IRIDIUM
NÉ A CAEN
MORT A PARIS
LE 6 DÉCEMBRE
FAMILLE
FOUCAULT SAINT-PRIX
ET MAILLE

C.esse DE GRANCEY

ARCHITECTE MEMBRE

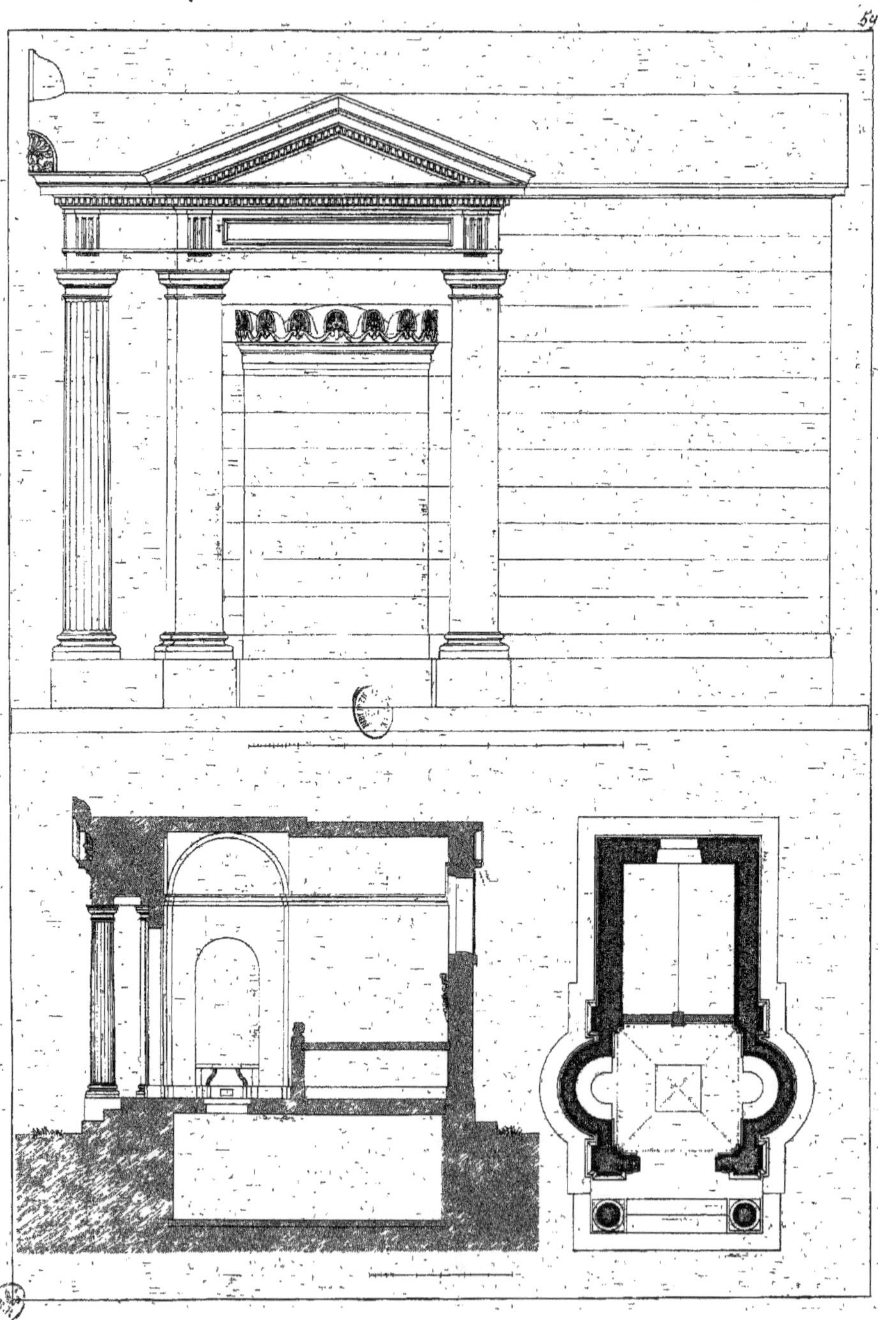

A LA MÉMOIRE
DE JACQUES GUILLAUME
LE GRAND, ARCHITECTE
MORT À St DENIS
LE 10 NOVEMBRE 1807
SÉPULTURE
DE LA
FAMILLE TERNAU

IIIme VUE DU CIMETIÈRE DE L'EST.

Berthault Arch. — La sculpture par Cartellier — Normand fils sc.

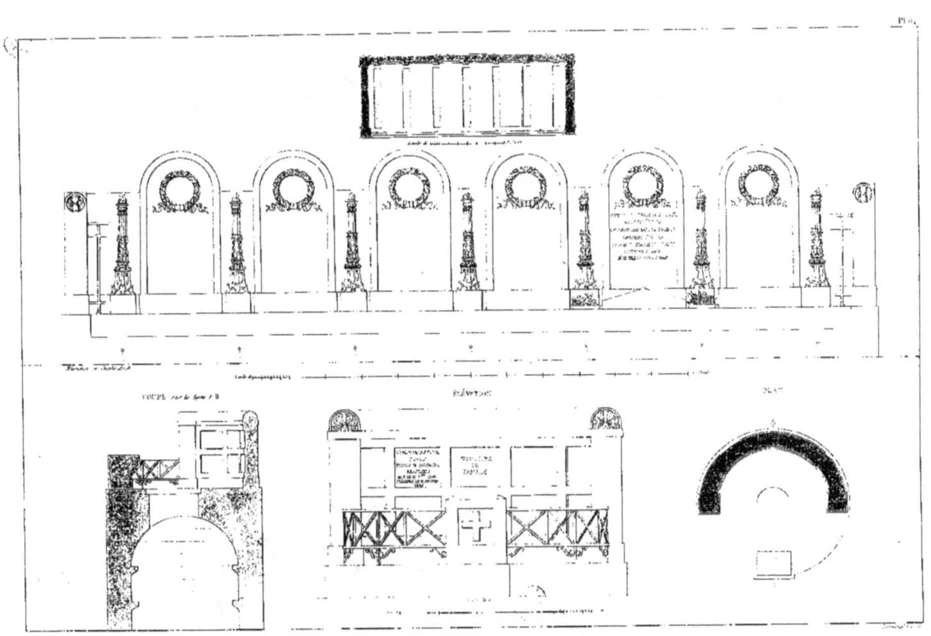

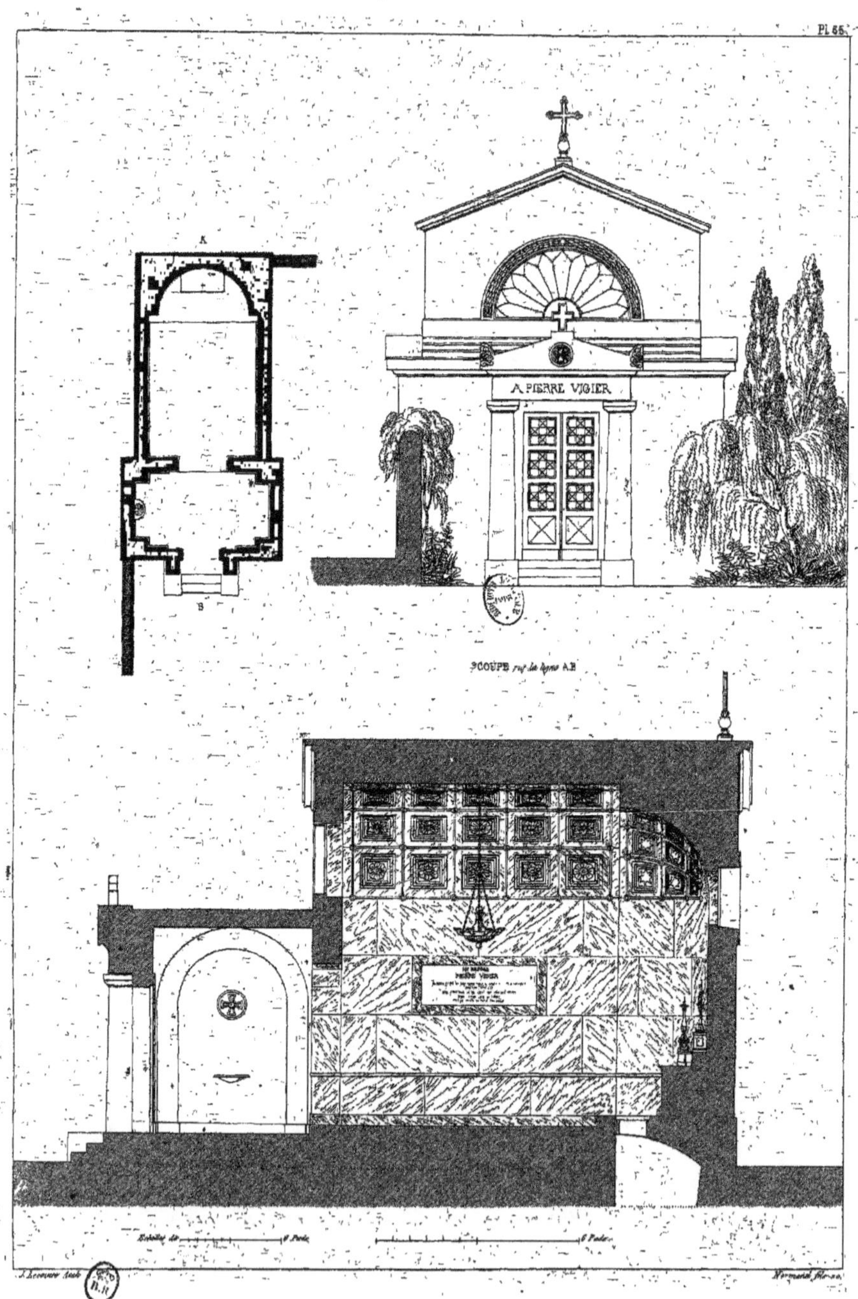
A PIERRE VIGIER
COUPE sur la ligne A.B.

Pl. 66.

ÉLÉVATION PRINCIPALE
ÉLÉVATION POSTÉRIEURE
PROFIL
PLAN
DÉTAILS
A F. A. PICOT
NÉ A ABBEVILLE
LE XXV NOVEMBRE
MDCCLVI
MORT A PARIS
LE XXVI FÉVRIER
MDCCCXXII
ICI REPOSE
Mr. FRANÇOIS GROS
NÉGOCIANT
NÉ A SERRES LE 3 JUILLET
1739
DÉCÉDÉ A PARIS LE 25 JANVIER
1822
A LA MEMOIRE
DE L. J. MAURICE
1er PEINTRE
DES IMPÉRATRICES
ELISABETH ET CATHERINE II
DE RUSSIE
NÉ A NANCY
LE JUIN 1751
DÉCÉDÉ A PARIS
LE 21 MAI 1820

PLAN DE LA CHAPELLE SOUTERRAINE

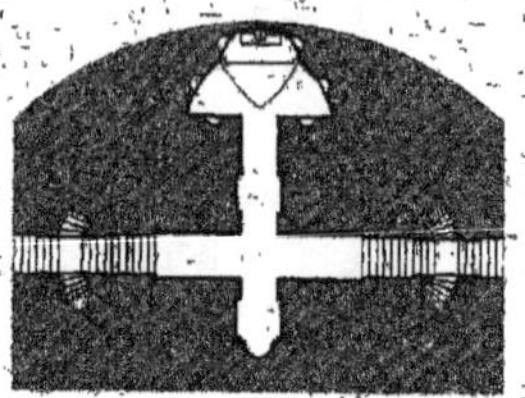

PLAN GÉNÉRAL

de la chapelle expiatoire.

Échelle de .... à 30m.

Renvois { A. Chapelle expiatoire. B. Groupe de Louis XVI. C. Groupe de Marie Antoinette. D. Sacristie. E. Sacristain. F. Galerie des tombeaux. G. Terres rapportées provenant des fouilles du Cimetière. H. Vestibule.

Fontaine arch. — Hernand fils sc.

ÉLÉVATION GÉOMÉTRALE
sur la Rue de l'Arcade.
ÉLÉVATION GÉOMÉTRALE
de la Chapelle expiatoire.

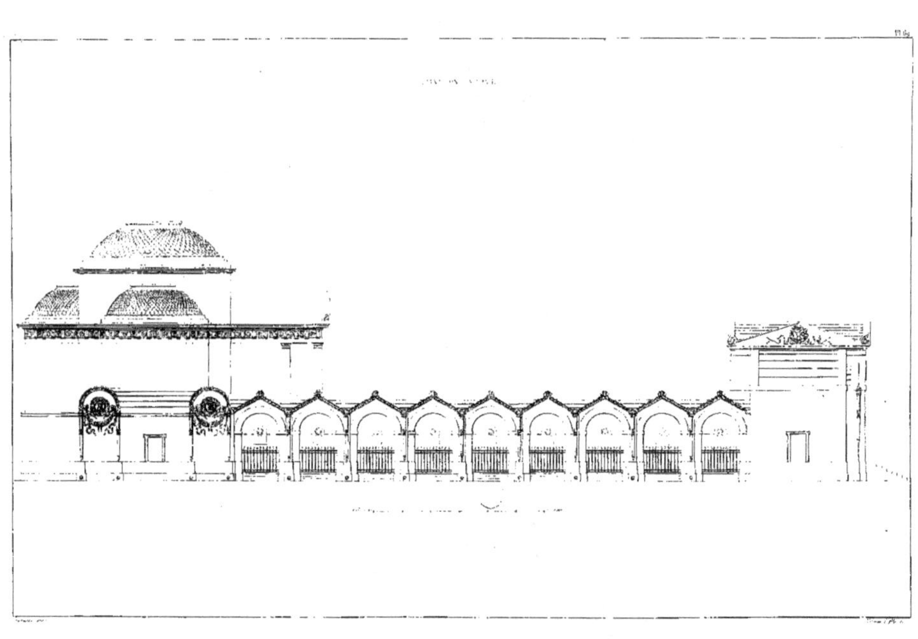

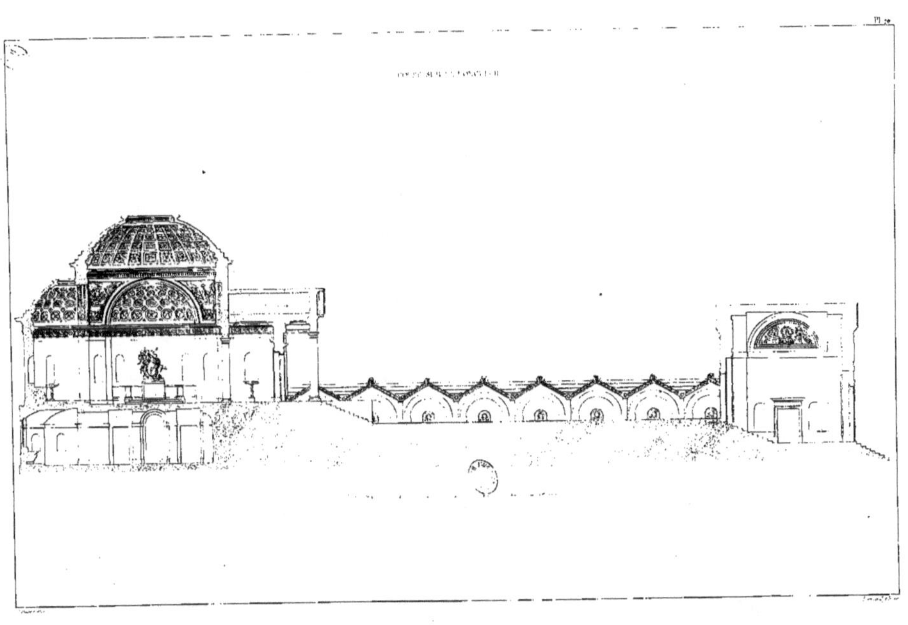

MANDATA
TRES UNUM SUNT

www.ingramcontent.com/pod-product-compliance
Lightning Source LLC
LaVergne TN
LVHW020427230826
846091LV00004B/1419

9782011945341